品味书香
启迪心灵

王华

杏林書話

(王 华 ■题)

主　编 ◎ 汪　华
副主编 ◎ 尹　舲　邹开军
　　　　樊　念　严双美　胡仙荣

中国出版集团
世界图书出版公司
广州·上海·西安·北京

图书在版编目（CIP）数据

杏林书话 / 汪华主编 . -- 广州：世界图书出版广东有限公司, 2013.3

ISBN 978-7-5100-5865-3

Ⅰ. ①杏… Ⅱ. ①汪… Ⅲ. ①社会科学－文集 Ⅳ. ① C53

中国版本图书馆 CIP 数据核字 (2013) 第 055126 号

杏林书话

主　　编	汪　华
策划编辑	杨力军　胡一婕
责任编辑	汪再祥
封面设计	陈　璐
投稿邮箱	stxscb@163.com
出版发行	世界图书出版广东有限公司
地　　址	广州市新港西路大江冲 25 号
电　　话	020-84459702
印　　刷	三河市华东印刷有限公司
规　　格	880mm×1230mm　1/32
印　　张	6.25
字　　数	180 千
版　　次	2019 年 4 月第 2 版第 3 次印刷
ISBN	978-7-5100-5865-3/Z·0058
定　　价	38.00 元

版权所有　翻印必究

序

　　春天是播种的季节，而秋天便是收获的季节。阳春三月，湖北中医药大学工会在教职工中开展"读好本、写实感"活动；金秋十月，一沓厚厚的书稿便放在我的案前。此时，心里深深感受到，秋天，真的是收获的季节！

　　这次读书活动共收到征文百余篇，本书收录了其中经专家评选出的40余篇优秀作品。这是一本充满书香与温暖的书，作者们来自湖北中医药大学的教学、科研、管理、后勤等不同岗位，他们的笔下有阅读名作后的快乐和启示，有对人生哲理的感悟，有对文化与历史的思索。作品真实地记述了他们的所思、所行，所言、所感，并从中阐释了对教育理想的执着追求，对人生的豁达乐观，对生活的向往热爱，反映了我校教职工好学向上的精神风貌。

　　书籍像深广的大海，翻滚着思想的博大与精深；书籍像肥沃的土地，蕴藏着文化的辉煌和厚重。读书是教师淡泊心境、远离浮躁的必然选择；读书，可以使我们富有思想，成为一个精神贵族；读书，可以让我们的世界变得充满趣味，让我们的心灵更加充实，让我们眼前的世界如此的五彩缤纷。教师作为传播文化知识、教育学生、熏陶他人的精神工作者，在读书方面理应走在全民的前列。把学习、充电作为自身需求，且读且思、且思且行，汲取他人的经验，提高并不断完善自我，成就自我。

苏霍姆林斯基说过："无限相信书籍的力量，是我的教育信仰的真谛之一。"在他看来，读书是教育最本质的活动，读书是学校最根本的任务。作为汇聚人才、培养人才的高等学府，校园文化的繁荣和人文底蕴的丰厚是提升大学文化软实力和核心竞争力的重要因素。"读好书、写实感"活动牢牢把握住了先进文化的前进方向，丰富了"科学与人文相融"的校园文化，是建设学习型校园的有效载体。实践证明，读书活动在推动学校思想政治建设、师生文明素质、校园综合治理等方面成效显著。

秋天，不仅是忙碌的季节，收获的季节，更是快乐的季节，喜庆的季节。今年11月8日，党的十八大即将隆重召开，谨以此书作为"喜迎十八大、争创新业绩"的献礼。"问渠那得清如许，为有源头活水来。"让我们每一个人都把书籍当作精神营养品，以书为友，与书为伴，成为爱读书之人，懂得博览，学会品味，尽情享受畅游书海、品味书香的快乐！

湖北中医药大学党委书记 汪华
2012年10月18日

目　录
CONTENTS

文史·经典

一个弱女子的抗争
　　——读《呼兰河传》，说作者萧红…………文　莉（003）
珍视苦难　走向辉煌
　　——读《苦难辉煌》………………………叶海波（007）
拜读经典　洞彻事理
　　——读《国富论》有感……………………刘昌慧（012）
生命的驰骋
　　——再读《狼图腾》…………………………刘　娅（017）
读《梁思成的山河岁月》有感…………………向娟娟（021）
修身养性　为人师表
　　——读《曾仕强解读易经（全集）》的体会
　　……………………………………………………邢彩珍（024）
苦难孕育辉煌
　　——《苦难辉煌》读后感……………………李　琼（030）
《弟子规》读后感………………………………汪乐原（036）
中医的书法修养
　　——读《名老中医处方墨宝》有感…………邹开军（038）

忘记过去就意味着背叛
　　——《苦难辉煌》读后感…………………张红兰（043）
那些人　那些事　那些感悟
　　——读《明朝那些事儿》…………………胡仙荣（046）
一代枭雄之争
　　——读《苦难辉煌》有感…………………胡　洁（049）
"立德"与"修文"
　　——读《论语》有感………………………洪　辉（053）
在岁月中感知《简·爱》……………………………姚文艳（057）
读《李瑞环传》有感…………………………………高铁祥（060）
仲尼亡兮谁为涕
　　——李白的悲剧人生………………………莫亮波（063）
坚定信仰是时代的呼唤
　　——《苦难辉煌》读后感…………………樊　念（067）
《向解放军学习：最有效率组织的管理之道》读后感
　　……………………………………………………吴志利（071）

励志·教育

福泽谕吉教育思想带给我们的启示
　　——读《福泽谕吉自传》有感……………万　可（075）
《细节决定成败》读后感……………………………方　曼（079）
为人处世的三个秘诀
　　——《曾国藩传》读后感…………………尹少华（082）

读《史蒂夫·乔布斯传》有感 …………………… 王　君（086）
执之教　重于心
　　——读《万千心理——教育心理学》有感
………………………………………………… 王佩珍（091）
爸爸妈妈能成为琢玉高手吗 ……………… 龙　菡（095）
读《挫折教育》有感 ………………………… 刘　虹（099）
困境在眼前　希望在前方
　　——读《风之王》有感 ………………… 刘雁云（106）
"力量"就是爱
　　——读《力量》有感 …………………… 孙艳平（110）
《我的教师生涯》读后感 …………………… 吴芮凌（113）
让爱做主
　　——《爱的教育》读后感 ……………… 吴海霞（117）
请不要以爱的名义
　　——读《爱和自由》有感 ……………… 吴　琪（121）
读《生命是一泓清水》有感 ………………… 杨进宇（126）
《永不放弃：马云给创业者的24堂课》读后感
………………………………………………… 杨　芬（129）
学习雷锋精神　全心全意为人民服务
　　——《雷锋传》读后感 ………………… 张燕燕（134）
《孩子，把你的手给我》读后感 …………… 赵　燕（141）
《假如给我三天光明》读后感 ……………… 徐安莉（144）
做好细节不简单 ……………………………… 雷　咪（148）

生活·哲理

一面镜子
　　——《丑陋的中国人》读后感 …………何敢想（155）
读《乡情》有感 ……………………………陈振江（158）
静心砥砺品德　深思责任良知
　　——《沉思录》读后感 …………………汪海洋（163）
一书在手　解馋解惑
　　——《舌尖上的中国》读后感 …………严双美（168）
《遇见未知的自己》读后感 ………………张晓香（171）
生命的拷问
　　——读《沉思录》 ………………………杨　芳（175）
《享受工作，享受生活》读后感 …………郑桃云（179）
《中国震撼——一个"文明型国家"的崛起》读后感
　　………………………………………………陶　甜（183）
人生是一堂创意课
　　——读《十四堂人生创意课》有感 ……程　潇（186）

编　后 ………………………………………………（189）

文史·经典

一个弱女子的抗争

——读《呼兰河传》，说作者萧红

文 莉

一个偶然的机会，我和孩子读到《呼兰河传》，立时被作者清淡的文笔深深地吸引住了。我马上关心上那个文章中还是孩童的作者，这才知道她是当时名声大噪的女作家、鲁迅的得意门生、左翼文学家萧红。其人的经历坎坷跌宕，童年时期，母亲早逝，父亲漠视女孩，她只能与爷爷相依为命；青年时，为抗争家庭要她退学成婚，她离家出走；成年后，她却又两次遭遇感情上的不幸，生活窘迫，连刚出生的婴儿也不得不送与他人；后期，萧红患上肺结核，于31岁时孤苦地死在香港。其才让人拍案叫绝，其命运却让人唏嘘不已。虽然作为鲁迅的弟子，成为左翼文学的代表作家之一，却因为她本身性格不刚毅，其间发表的左翼作品反响均不大。《呼兰河传》是写在她的后期，想想她当时穷困潦倒，疾病缠身，孤苦零丁，而与爷爷在一起的时候是她一生最美最幸福的回忆，《呼兰河传》定是写出了她内心最美好的情感，贪婪的回忆。此文一度被左翼文学作家评价为"不具批判主义的文章"。但她发自内心地写出了一个凄美的故事，勾起读者对作者所处的那个时代下人们麻木愚昧的痛心，也让我们对作者的不幸命运产生了同情。所以，《呼兰河传》无疑是萧红最成功的作品。

在《呼兰河传》里，萧红以一个旁观小孩的身份，用抑郁的口吻，娓娓地描述了她童年时代发生在身边的故事。一个无忧无虑的童年萧红，在后花园里捉虫，偷瓜果，为了烤鸭子吃，把鸭子赶到井里淹死……透过这些和爷爷一起的生动小故事，还有邻居家中一个个看似平淡可笑的小故事，我们看到了萧红老家闭塞、落后、麻木的人们。还能看出她对那个时代弱者的同情，对自己命运的困惑。在那个时代背景下，女子的命运掌握在权利拥有者的手中。比如那个14岁的"团圆媳妇"因为太能吃饭，备受婆婆虐待。终于有一天，"团圆媳妇"被婆婆吓出了惊吓病。接下来的治疗，却更能反映那个恐怖落后的社会现实。一个群体强加在"团圆媳妇"身上，采用以为对她好的治疗方式——热水烫，不由她痛苦挣扎与分辩。读者看到这儿，也不由得揪心，而萧红笔下旁观的人们，他们只是短暂的不安后，很快又对刚刚缓过气来的"团圆媳妇"用开水烫。当"团圆媳妇"被折磨致死后，大家好比只损失了个物件一样可惜了一下，婆婆心痛的是白白要烧一身新衣服去——女子的命运就如此的轻贱！

虽然都是发生在她身边的故事，但是整篇文章流露出她对不能掌控自己命运的担忧，一个女子的命运，被父母轻贱，在历史的洪流里轻如鸿毛。观其一生，她何尝不就是那个"团圆媳妇"!幼年丧母,父亲的轻视,爷爷的短暂爱护。亲人的厌弃,爱人的背叛,萧红是茫然的,一直抗争却毫无出路,越是抗争越是受尽打压,故而,才女的一生尽是坎坷,终于贫病交加中如"团圆媳妇"一样死去。萧红的一生在爷爷死后,就开始转入了不幸。文学天赋极高的她被父亲逼迫退学成婚,她在19岁那年抗婚出走,貌似抗争成功的她出走后却依旧是茫然的,仓惶出逃而身无分文的她又贸然地与她所抗婚的未婚夫同居,因为曾经抗婚被夫家反对嫁入而不得不分手,因为无力支付宾馆的住宿费而不得脱身,生下的孩子也因为穷困不得不送人。因为文学上的共识在一起,也因为由于救命稻草一般出现的萧军,她仓促地开始了第二段感情,但最终也草草收场。

一代才女,即便已是当年的知名作家,在男尊女卑的大环境下,依旧无法与社会抗争。萧红的抗婚、出走,也算是对命运的一时抗争,但她的抗争换来的是更多的不幸和讨伐。就如"团圆媳妇"一般,有人把她按到滚烫的热水里,消灭她可怕的疯念头。然而她一生都在抗争,即便是失去新生的胎儿。总是遇人不淑,一生悲苦,直到贫病交加在香港逝去。萧红的一生无疑是离经叛道的,不为当时的社会所容。而幼年的经历造成了她柔弱的性格,不能果断地规划抗争,故而,她的一生就注定了跌宕与不幸,茫然与孤苦。所以茅盾从萧红的文章中读到的是"寂寞",满眼俱是的"寂寞"。由于萧红终究是个性格柔弱的女子,不具备果敢的斗争性格,在那个时代,她注定是斗不赢,也是不能看到些许希望吧,"一生遭人白眼,不甘,不甘"。

  在文中,萧红所有的笔墨均倾注到了短暂 31 年的时光里,相对短暂、温暖的童年时光。在回忆爷爷和她的后花园中,她才可以在意念中残喘。那一刻,她应该是幸福的吧?《呼兰河传》这部作品虽然偏离了她所在的左翼文学阵营的批判主义风格,但文风清雅,娓娓道来,描写北方小村的风土人情,那暖暖的乡情,那愚昧落后的事,无意中成为萧红一生中最成功、最打动人心的极具艺术感的作品。

(作者部门:药学院)

珍视苦难　走向辉煌

——读《苦难辉煌》

叶海波

最苦难也最辉煌

20世纪的世界东方，最激动人心的，最为世人瞩目的，莫过于中华民族从"东亚病夫"到东方巨龙，从百年沦没到百年复兴的兴衰起落。在广袤的中国大地上，中国共产党、中国国民党、联共与共产国际、日本昭和军阀集团四大力量的冲突碰撞以及他们身后所代表的三种主义的较量博弈，最终带来了中华民族命运的伟大历史转折。在这一进程中，中共始终面临着外部的围追堵截与疯狂剿杀，内部的争论与妥协、弥合与分裂、坚贞与背叛。也正因为经历如此地狱之火，中国共产党带领中华民族开拓了前所未有的历史深度和时代宽度，完成了中国历史上最富史诗意义的壮举。中国革命如浴火凤凰般，从苦难走向辉煌。

金一南教授集数十年之功所著《苦难辉煌》，之所以一版再版，为众人推崇备至，我以为在于它以翔实的史料，厚重的情感，独特的视角，透辟的分析，令人信服地还原了中共早期那段艰难求索、浴血奋战的历史。中国共产党人为什么选择了共产主义？红色政权为什么能够存在？毛泽东为什么会成为中共领袖？工农红军为什么不可战胜？中共为什么能不断从胜利走向胜利？透过本书，这些宏大问题不再是抽象的论断，而是存在于由一个个鲜活人物和生动细节所构成的真实历史画面。

信仰的光芒

金一南教授在接受采访时说，"我写《苦难辉煌》，写那个时代，最终的目的就是写那代人的真正信仰。"他选择了党史上最艰难曲折、最彷徨困苦的一段作为研究对象，力图从最深重的苦难和最耀眼的辉煌中汲取精神养分，为国家和民族的前途走向求解。

《苦难辉煌》描述的那个时代，战争与革命风起云涌，梦想与道路错综交织，既是一个乱世出英雄的时代，也是一个理想最易破灭的时代。每天无数人接受理想的感召参加革命，每天又有无数人为之牺牲，或投降叛变。对共产主义理想的追求与坚守，铸就了一批又一批不为钱、不为官、不怕苦、不怕死、一心一意为解救劳苦大众而奋斗的共产党人。这是国共两党的根本区别，也注定了各自截然不同的命运。

信仰在当代中国的困顿，在青年学生中的式微，使我认为本书对信仰的深切关注以及对那代人对信仰追求的真实描绘，弥足珍贵。它既是我们个人澄清价值观、坚定理想信念的生动教材，也是我们高校思想政治教育工作者对青年学生开展思想政治教育的有效载体。

人民的力量

历史给中国共产党人的磨难，是其他任何政治团体和党派未曾经历过的。中共成立之初，没有多少人相信这个不足百人的政党能够赢得中国的未来，甚至包括一些共产党的领袖人物，对中共的存活尚存疑问。是什么力量支撑着那支在崇山峻岭、江河草地中疲弱不堪却斗志昂扬的队伍艰苦跋涉，背负起这个世界上最大国家和民族复兴的全部希望？个中原委，也最值得珍视的：正是中共雄厚的群众基础。一部浩瀚的长征史诗告诉我们：是沿途中来自人民群众不断的兵源补充，才能使战斗的火种传续二万五千里；是一路上来自人民群众持续的供给保障，才能使革命的洪流能够纵贯九州大地。有了人民群众的帮助、支持与牺牲，国民党反动派纵有千军万马、飞机大炮也是枉然。

人民群众才是推动历史不断发展的根本动力。中国共产党的胜利，国民党反动派的失败，绝不是偶然的。与其说这是历史选择的结果，不如说这是人民选择的结果。历史昭示我们："党的执政地位不是与生俱来的，也不是一劳永逸的"。过去、现在和未来，我们无时无刻不在面临人民的选择！赢得了人民的选择，便赢得了世界，赢得了历史，这是颠扑不破的真理！我们必须要有这样的清醒头脑和历史自觉。

伟人的智慧

伟人其实也是凡人，没有神的智慧与力量，不会天生事事正确，难免也会犯下一些错误，难免也会打败仗，走弯路，他们也有七情六欲，也有人性弱点，只是这一切被太多的文学作品、影视作品"艺术化"，反倒是给人一种距离感，模糊感，让阅者觉得远离生活现实。纵观整本书对历史事件，历史人物的介绍，让人又不禁感慨：伟人的的确确就是不平凡，无数历史场合的大浪淘沙留下的是具有钢铁意志、扼准历史规律之人。伟人和凡人的区别，不在个人的某些特质，根本在于对历史规律的认识、把握和运用，这种历史自觉并非与生俱来，而是在长期的革命斗争实践中总结内化而来的。

书中最精彩的部分之一，是对红军四渡赤水的描写。从真实的历史看，那是红军命悬一线的最危急时刻，并非每次都如歌曲中所唱"用兵真如神"，至少有两次，是在决策失误或者作战任务无法完成的情况下迫不得已的退却。正如作者说：其实没有神。红军中从战士到领袖，都是一个个活灵活现的人。人最不能避免的就是失误，但人最可贵的也是能纠正自己的失误。共产党人实事求是的原则和百折不回的实践精神下衍生出来的"打得赢就打，打不赢就走"的机动灵活的战略战术，正是中国共产党人最鲜活灵魂的生动体现。

一个人如果忘记了过往的失败，必定不能走向成功；一个政党如果忘记了自己的历史，就逃脱不了历史的惩罚；一个国家，一个民族，如果忘记了曾经的苦难，就不能深刻地了解现在，走向未来的辉煌。《苦难辉煌》中所呈现那个时代空前复杂的历史变局，与我们今天面临的局面有诸多相似之处，二万五千里长征是中华民族崛起的起点，今天摆在我们面前的，是新长征中最艰难的一段路。我们的国家、我们的民族，已进入了改革开放的攻坚期和加快发展的关键期。然而国内外各种敌对势力虎视眈眈，妄图颠覆阻扰，国内政治体制改革阻力重生，党内腐败问题日益突出，经济发展方式转型遭遇瓶颈，关系人民群众切身利益的重大民生问题亟待解决，等等，这些都注定了中国绝不会在莺歌燕舞之中实现崛起，对此我们必须有清醒的认识和充分的准备。因为：

那些苦难，我们未曾经历，但决不能忘记！

（作者部门：校团委）

拜读经典 洞彻事理

——读《国富论》有感

刘昌慧

英国著名经济学家亚当·斯密发表于 1776 年的《国民财富的性质及原因之研究》（以下简称《国富论》）非常全面和系统地描述了当时经济社会中的典型现象。后来大卫·李嘉图、马尔萨斯等对亚当·斯密体系进行了不断的充实和修正。1901 年，中国启蒙思想家严复节选翻译此书，取书名为《原富》，成为最早进入中国的西方经济学著作，并对其后发生的辛亥革命产生了很大影响。新中国成立之后，由于意识形态上的问题，中国学者对西方经济学长期排斥，即使出版少量译作，也仅仅为了批判之用；改革开放以后，很多学术机构开始引进西方经济学著作，当中也包括《国富论》。引进以《国富论》为基础的西方经济学，对推行市场经济改革，走中国特色社会主义道路的中国经济，具有很大的指导意义和现实意义。

亚当·斯密是 18 世纪的经济学家，因此在看《国富论》时，一定要从作者所处的时代着眼。亚当·斯密是伟大的，他提出的劳动创造价值理论和社会分工，使我们能直观地理解社会经济的发展史。就这一点而言，我们不能用批判的眼光去看待亚当·斯密。每一个新观点的提出都是建立在前人的知识积累之上的，亚当·斯密的观点也不例外。我非常佩服亚当·斯密的精神。他一生只有这么一个成果，并不是因为写完《国富论》后就没有精力了，而是由于他的治学态度非常严谨，以至于当他弥留之际时，竟让别人将除《国富论》之外的其他手稿一概毁掉，目的是不让那些不成熟的观点公布于世。这让我想到了今天的某些学者，他们不是为了提出观点而是为了整理观点去努力的，出了一点成果，没经过考证便急于求成地拿去发表了。

在《国富论》里，亚当·斯密在否定重农主义和批判重商主义的基础上，说明了分工和贸易如何增加国民财富，并界定了君主或国家的职责和收入来源。全书分为5篇，作者在《导论及全书设计》中说，"本书前四篇的目的，在于说明广大人民的收入是怎样构成的，并说明供应各时代各国民每年消费的资源，究竟有什么性质。第五篇即最后一篇所讨论的，是君主或国家的收入。"具体而言，第一篇讨论的是劳动生产力改良的原因以及产品在不同阶层之间自然分配的顺序；第二篇讨论的是资产的分类、性质、储蓄和使用；第三篇以罗马帝王衰落之后，欧洲农业发展所受的制约及其农村的衰落和商业城市兴起的实际，探讨了财富增长的不同路径；第四篇则在此基础上，从当时最受推崇的重商主义开始，论述了重商主义和重农主义两种政治经济体系的后果；第五篇讨论君主或国家的开支方向和收入来源。

对于经典著作,应带着批判和疑问去阅读和思考,这会使阅读之路充满荆棘也充满乐趣。这次阅读,我带着"《国富论》对当代中国有何意义"的问题到《国富论》中去寻找答案。

21世纪的第一个10年已经过去,中国在这10年中的变化是举世瞩目的。经济发展的可持续性是中国21世纪的第二个10年中不得不面对的首要问题。中国能够跨越资本主义走过的路吗?当我们寻找新的方向时,亚当·斯密会是我们的选择吗?我的回答是肯定的。中国现在最需要的是一个真正根植于社会的自由和法治传统,亚当·斯密或许能带给我们这样一个契机。因为他代表着一种新的思维,一种颠覆两千年中国封建传统的思维。这就是自由主义,一种基于个人至上理念的哲学。亚当·斯密生于苏格兰,18世纪的苏格兰有一个思想传统,叫作"自然秩序"理念。这种自然秩序是通过未预期的社会结果形成的。也就是说,"市场"就像语言、法律体系和许多其他现代社会制度一样,不是中央计划或集体调整的结果,而是因不同原因而行事的个人行为的未预期的社会结果。这种思想乍看平凡无奇,细品其中蕴含的经济意义却发人深省。因为一旦接受这一观点,就意味着我们必须放弃让政府指导市场运行的传统观念,让自由市场机制成为指导我们进行经济活动的"看不见的手"。在某种程度上,所谓"看不见的手"、"自由放任"都可以说是由这一传统衍生的思想。显然,对市场的强调将极大地释放它蕴含的力量。中国30年的"改革开放"印证了这一点。但过往的成功有一个致命的缺陷,那就是忽略了市场体系的基础——自由和法治。

亚当·斯密在《国富论》中虽然从未明确提出市场与制度之间联系的理论，但作为"苏格兰传统"的继承者，我们从其著作中可以感受到他并没有一味地强调市场的万能，而是不经意地点出，如果没有相应的制度，市场也会变成"万恶之源"。没有以自由和法治为基础的中国特色社会主义市场经济，正在逐渐失去它的魅力。纵观西方自由市场的发展，无不伴随着个人自由的不断延伸和扩展。读完《国富论》，让我更加明晰这一点。按照亚当·斯密的逻辑来看，这两者也确实有着内在联系。市场鼓励个人的自由交换，并通过法律而不是政府的强力，来保证这一交换的顺利进行。个人的行为只受价格、道德、法律等自然因素影响，个人的创新自此才真正得以带动人类社会的巨大发展。市场和法律良性互动的背后，是政府权力的不断压缩，个人自由的不断彰显。创新精神作为国家经济持续发展的动力，并非一蹴而就，而是在个人的自由得到充分保障后随之而来的产物。反观中国的几千年历史，从未有过个人自由的觉醒。即使清醒如鲁迅者，也只不过徒然的呐喊。皇权专制的思想深入国人骨髓之中，中国的市场机制先天不足。孟德斯鸠曾经说过："一个民族的精神决定了这一民族国家的性格"。中国的精神中缺少了对个人、自由和法治的关注，似乎只是在重复着2000年的循环。

亚当·斯密给了我们一个答案，市场的发展有可能弥补中国存在的缺陷，关键在于我们是否按照《国富论》的逻辑去谋求持续的经济发展。中国的市场化改革失去了最初让个人自由伴随市场发展的最佳时机，改革的红利被制度的成本不断侵蚀。2001年被视作中国改革的分水岭。正是由于WTO的身份认可，让中国迎来了"黄金十年"。经济的开放带来了文化、法律甚至思想的开放，我们的思路在改变。社会开始关注个人的自由，法治的思想被人们不断提及，这一切来之不易。当务之急是将市场机制的完善与个人自由的发展间的辩证关系作为下一阶段中国前进的方向。毫无疑问，就这一思想而言，没有比亚当·斯密更适合的代言人。在中国，亚当·斯密必须成为新的"马克思"。只有作为一种信仰，被普通人用行动去践行，才能解决中国当前的改革困境。没有个人的自由，就没有市场的真正发展，也就不可能推动法治的实现，社会的进步也无从谈起。中国输不起这场没有硝烟的战争，所以没有时间去选择。基于自由和法治为基础的市场，让19世纪属于了英国，20世纪属于了美国。如果中国人能读懂《国富论》，我相信21世纪真的会属于中国。

拜读《国富论》这部经典著作，还有一种深刻的体会：读经典书目的感觉是一种享受。在感受大师的思维和历史气息的过程中，往往会对现实有一种顿悟之感：原来古人是这样认识这些事物的，而且是那样的周密和深刻。看来，要想深刻而周密地认识当今复杂的中国政治、经济和社会状况，必须要常读经典书籍！

（作者部门：人文学院）

生命的驰骋

——再读《狼图腾》有感

刘　娅

几年前曾经读过《狼图腾》，这个假期我又重拾这本小说读了一遍，心中多了些许感慨：姜戎笔下的蒙古草原狼是那样的顽强而又充满智慧，那些精灵一般的草原狼似乎从书中呼啸而出。这是一部关于人与自然、人性与狼性、狼道与天道的鸿篇巨制。

本书的作者姜戎，30多年前作为一名北京知青，来到内蒙古边境的额伦草原插队长达11年，在这里他与草原狼结下了不解之缘。他钻过狼洞，掏过狼崽，养过小狼，与狼战斗过，也与狼共过患难，狼嚎、狼烟、狼食、狼旗——有关草原狼的种种细节，都使作者沉迷其中，最终经过30多年的研究与思考，完成了他再现"狼图腾"的使命，一气呵成了这部长篇小说，向世人呈现了一个不一样的草原狼精神与文化。在姜戎笔下，我才深知蒙古草原上的狼有多么的不易！是这本《狼图腾》让我了解草原，让我了解所谓的狼性。狼性，并不是简简单单字面上的意思，它代表着这种顽强生命的勇敢、智慧、团结。千百年来，人们畏狼如虎、憎狼为灾，汉文化中存在着太多对狼的误解和偏见，更无从谈起对狼的精神之探究。所以，人类驯服了马、猪、狗、牛等生物，可是，人类永远也驯服不了狼，狼不会向任何人低头，是因为它们有狼性，狼性使它们变得如此具有王者风范。蒙古草原狼，一个豪迈的生命，在人类的世界里，它毫不起眼但它顽强的斗志远远超出了人类的想象，能形容它的，只有两个词语：豪迈、不羁。它，不畏惧死亡，为了生存，为了希望，能够与同伴合作，战胜一切扑面而来的困难。它是英雄的、智慧的，在那片草原上，它就是王者，谁能与其争锋？

《狼图腾》由几十个连贯的"狼故事"组成，情节紧张而又充满了新奇和神秘。草原狼的作战计划，可谓是天衣无缝。狼与狼之间的默契配合，根本不用狼嚎联络，只需动动狼耳，甩甩狼尾，对方便心领神会。围攻、偷袭，还有声东击西、出其不意、趁火打劫……这些计谋，几乎是它们与生俱来的。就如同书中的陈阵养了一只小狼，小狼从没见过别的狼，却能做出标准的嚎叫动作，发出一声声嘹亮、悠远的狼嚎。狼的每一次侦察、布阵、伏击、奇袭的战术；狼对气象、地形的利用；狼族中的友爱亲情；狼与草原万物的关系；小狼艰难的成长过程……无一不展现出有着草原魂的狼图腾。同时又让我们联想到人类，人类社会的精神和性格日渐颓靡雌化的今天，读到《狼图腾》这样一部以狼为叙事主体的小说，受益匪浅。这本书真正揭示了人性与狼性，展现了草原民族自由刚毅之魂！

狼是处在草原生物链上最重要的一个环节，如果没有狼，草原也就不复存在。生活在草原的牧民非常了解这一点，所以他们恨狼，同时也爱狼，他们打狼，但是不多打。因为他们明白，如果把狼打绝了，草原就活不成，人也就无法生存下去了。在蒙古草原，人与狼是相互依存的，共同保护着草原的生态，人和狼就在这种微妙的关系中生活了数千年。草原游牧民族了解狼，敬佩狼，崇敬狼的精神并把这种精神置于民族图腾精神至高无上的位置，因此狼也成为了那里文明的起点，蒙古草原人民的歌声、舞蹈，以及人性的豪放，无不和狼有着密切的关系。毫不夸张的说，蒙古草原的生机勃勃，悠久的历史都是拜狼所赐！然而，这一切被一些自以为是、自命不凡的现代人破坏了。他们开着大马力的吉普车，扛着射程极远的步枪肆意捕杀草原狼，并乐此不疲。额伦草原的狼消失了，草原大狗和猎狗也一天天消瘦下去，干热的天空下，望不见茂密的青草，稀疏干黄的沙草之间是大片的板结沙地，草原的生态遭到严重破坏，让人痛心。从前"风吹草低见牛羊"的美景不复存在。

读完这本书，我相信不同的人站在不同的角度会有不同的感受，哲人有哲人的理性思考，文人有文人的浪漫情怀。狼这一充满生气的生命，这一充满奥妙的生命，一经揣摩，发现狼是如此伟大、神奇的生命！狼图腾的精神，从深层意义上来讲，也从侧面表达了中华儿女的心声，中国人若是像狼一样做事，一定可以成为世界的佼佼者。同样的，我们在生活当中，时刻不能忘记草原的生存法则是"优胜劣汰"。狼的勇气值得我们去学习，它能给予每个人生的希望。处于逆境的时候，我们只要想起它们，就会鼓起勇气，向前方驰骋。

狼性理念的最基本特征在于它的团队精神，在于高度的组织性、纪律性，敢于战斗、敢拼能赢的气概共同铸就的强大合力。书中所描绘的狼图腾精神，可以体现为两句儒家名言："天行健，君子以自强不息"、"富贵不能淫，贫贱不能移，威武不能屈"。概括为不屈不挠、勇敢顽强的进取精神和相互信赖、齐心协力的团队精神，这就是《狼图腾》给我的启示。

（作者部门：外语系）

读《梁思成的山河岁月》有感

向娟娟

"你是一树一数的花开,是燕在梁间呢喃,你是爱,是暖,是希望,你是人间四月天。"这首诗,大家都知道是一代才女林徽因的作品。以前,只认为她是一位美丽有才情的女子,对她在建筑史上的贡献则知之甚少。最近读了《梁思成的山河岁月》一书,对她及其夫婿梁思成有了更深一步的了解。

梁思成、徐志摩,一个是稳重朴实、豁达宽容的名门后代,一个是才华横溢、风流倜傥的才子,林徽因最终选择了梁思成,这实在是一个最佳的选择。内心再坚强的女子,恐怕也期待身后有一副坚实臂膀的支撑吧!

抗战期间,梁思成与林徽因考察了祖国的山山水水,对各地的古代建筑进行了实地勘测,翻译了古籍《营造法式》,撰写了《中国建筑史》。那时,他们曾共同守在贫穷的李庄。梁思成的脊椎病使他必须穿上铁马甲才能坐直,体重降到47公斤,林徽因在日日咯血的生死线上挣扎,"几个月的时间就毁灭了她曾经有过的美丽"。如果单从建筑上的造诣来看,认为梁思成只是一个文弱书生你就错了。书中有一章提及:今天的日本,最美丽的旅游城市,一个是京都,一个是奈良。如果没有梁思成,就没有京都，也没有奈良了。1944年，时任中国战区文物保护委员会副主任的梁思成，奉命向美军提供中国日占区需要保护的文物清单和地图，以免盟军轰炸时误伤。但梁思成希望美军能将另外两个不在中国的城市也排除在轰炸目标之外——日本的京都和奈良。梁思成的亲弟弟梁思忠在抗战中以身殉国，因有国恨家仇，所以当梁思成提出保护京都和奈良时，当时在人们看来是一个难以理解的决定，但是，他依然这样做了。梁思成这样解释他提出这个建议的原因："要是从我个人感情出发，我是恨不得炸沉日本的。但建筑绝不是某一民族的，而是全人类文明的结晶。"那么，有梁思成这样的中国人，就是在无言地告诉后人，日本人是在戕害一个怎样高贵的民族。

抗战胜利，新中国成立后，梁思成满腔热忱地投入到国旗、国徽和人民英雄纪念碑的方案设计中。如今，当人们瞻仰矗立在天安门广场中心的人民英雄纪念碑时，能否想起它的设计者梁思成、林徽因夫妇？

在建国初期，梁思成就对北京的城市规划进行了合理化建议："北京是五代之都，是个古代文化建筑集中的城市，不宜发展工业。"在那个火热的年代，北京要建设成一个现代化城市，到处烟囱耸立，大炼钢铁。作为一个建筑学家，梁思成比谁都懂得古都北京的价值。他敢于反对整个时代潮流，反对最高领导人的权威，他知道后果是什么，但他还是努力奔走着，呼号着，据理力争，期望在那建设新城破坏旧城的狂潮中发出一点冷静的声音，然而他所做的太微不足道了。为建地铁等新设施，北京人不分男女老少大规模拆除城墙，林徽因直言："你们拆的是具有八百年历史的真古董,将来,你们迟早会后悔,那个时候,你们要盖的是假古董。"

历史证明,她的话是对的。2004年,"假古董"永定门楼竣工。历史总是爱开这种黑色、反讽的玩笑。梁思成在《建筑的艺术》里说过:"一座建筑物一旦建造起来,它就要几十年几百年地站立在那里。它的体积非常庞大,不由分说地就形成了当地居民生活环境的一部分,强迫人去使用它,去看它;好看也得看,不好看也得看。"同样的,拆除矗立几百年的建筑,影响也是异常巨大的。连同被扔进历史的故纸堆里去的还有中国传统建筑设计的理念、形式和技巧。

不知大家还记不记得2008年北京奥运会闭幕式上,如此多中国传统元素的设计打动了世界:祥云火炬、福娃、金镶玉奖牌、开幕式的卷轴画卷。然而,主要的奥运场馆都是外国设计师的创意,没有梁思成赞叹过的北京天宁寺塔所具有的音乐一样的节奏和韵律,也没有斗拱、彩绘、雕饰这些传统设计元素。本土建筑设计式微至此,怎能不让人扼腕叹息!

正如书中在最后写道:太多的古建筑在我们的手中毁掉了,在毁掉的基础上我们又建造了什么?"毁坏容易保护难,它们一旦消失就不能再恢复了。为什么你要选择把它毁掉呢?"透过并不久远的历史时空,梁思成的话语将会再现于我们的时代。

今天,这个声音还会被湮灭吗?

(作者部门:基建处)

修身养性 为人师表

——读《曾仕强解读易经（全集）》的体会

邢彩珍

暑假期间，闲暇之余，我读了《曾仕强解读易经（全集）》这本书，受益匪浅，感悟颇多。

《易经》是中国哲学思想的源头，它是《诗经》、《书经》、《礼经》、《乐经》各经之首，是儒家、道家的理论源头。它大道至简，将大自然的万物分成阴阳两面，一阴一阳产生了宇宙万物，而且阴中有阳，阳中有阴，阳极成阴，阴极成阳，两者是在相互不停变化的，这从辩证法的角度揭示了事物的发展规律。它崇尚天人合一，教导人们顺应自然规律，以自然为师，向自然学习，从而达到人和社会与自然的统一协调，保持人和社会的长久发展，这与党中央提出的贯彻落实科学发展观的思想源头如出一辙。可见《易经》不仅值得普通大众学习，也值得人民教师学习。人民教师通过有选择地学习《易经》，可以汲取其中的精华，更深刻地理解社会发展规律和为人处世的道理，从而达到提高个人道德修养水平的目的，同时对提高业务能力和工作水平也有一定的促进作用。

作为一名"传道、授业、解惑"的高校教师，我们担负着培养下一代的艰巨而又光荣的任务，这就需要修身养性，在各个方面为人师表。以德树人，对于职业道德的要求就显得尤为重要。教师是教育活动中的组织者、引导者，在教育过程中起着重要的导向作用。这就要求我们教师不仅要教好书，更要育好人。教师良好的职业道德不仅是对教师个人行为规范的要求，也是教师怎样教育学生的重要表现，起着"以身立教"的作用。所以，教师要教育好学生，就必须具备良好的职业素养，也就是我们常说的职业道德，唯有这样才能更好地以德治教，以德育人，才能成为一名真正合格的教育工作者。因此，我们应该不断完善自己，修身养性，为人师表。

"自强不息"的精神

"天行健，君子以自强不息。"这句话告诉人们，天（即自然）在永远不停地运动变化，同样，君子处世也应像天一样，自立自强、奋发向上、永不松懈。

新中国建立以后，党和国家领导全国各族人民，发扬"自力更生、艰苦奋斗"的精神，经过60年的辛勤建设，国家面貌发生了翻天覆地的变化，综合国力不断增强，人民生活日益安康。新中国的建设史实际上就是中国人民自强不息的奋斗史。在继往开来的21世纪，国家和社会要发展、中华民族要屹立世界民族之林，这种自强不息的精神必不可少。人民教师作为人类灵魂的工程师，应该时常用这种坚忍不拔、积极进取的精神激励自己，奋发向上，克服困难，使它成为我们做工作、干事业的精神动力。

"厚德载物"的情操

"地势坤，君子以厚德载物。"这就是说：大地的气势厚实和顺，君子应效法大地，以深厚的德行来包容万物。

做人要厚道实在，要有海纳百川的包容之心，是《易经》传承下来的理念，是我们的为人之本。作为人民教师，更应该培养这种厚德载物的情操，清清白白做人，勤勤恳恳干事。

我们要"积善成德"。教师只有用持续不断的积累，才能逐步具备高尚的教师道德修养，要不断加强学习。教师这门职业最根本的职责是教书育人，这就要求我们必须有较高的科学文化知识和道德修养。因此，我们必须不断学习，在实践活动中不断进取，刻苦钻研，勇于创新，精益求精，不断提高。对于我们教师来说，只有不断提高自身素质，不断完善我们自己，才能达到教好每一位学生的目的。怎样做才能提高我们自身素质呢？这就要求我们每一位教师在日常工作中孜孜不倦地学习，做到厚积薄发，精益求精，时刻准备着用"一桶水"来供给学生"一碗水"。这要求我们真正做到活到老，教到老，学到老，通过学习吸收新的知识来充实自己。

"以虚受人"的胸襟

"君子以虚受人。"即君子应以虚怀若谷的精神容纳感化他人。

"以虚受人"教导人们要学会心胸开阔,要有气量,遇事不斤斤计较,要用谦逊之心包容他人的言行。教师对待学生的批评要谦虚接受,要以有则改之、无则加勉的态度,对学生一些过激的言行和行为加以分析,做好解释工作,妥善处理。

"居上而不骄、在下位而不忧"的境界

"居上位而不骄,在下位而不忧。"即身居高位而不骄傲,屈居次要的位置或地位也不要忧愁,不要萎靡不振。

这是教导人们做人要追求淡泊明志、宁静致远的境界。在现实生活中,人在高位时,往往前呼后拥者众,人难免会春风得意;而处于低下的位置和处境时,人又往往会因为不得志而显得精神颓靡,这都是世间常态。正因为如此,《易经》才特别提醒人们,不管自己所处的地位是高是低,都要顺势而为,位高时要懂得戒骄戒躁,位低时不颓不废,忠于职守,努力工作,机会将垂青于有所准备的人。

"以类族辩物"的鉴别力

"君子以类族辩物。"即君子要明白物以类聚、人以群分的道理,明辨事物。

做人要懂得分析各种人的是非善恶,辨别事物的差别同异,教师更应如此。在改革的大潮中,我们要时刻保持清醒的头脑,不被假象迷惑,不被谣言蛊惑,积极思考,冷静观察,坚持正确的政治立场,提高是非鉴别力。

"以反身修德"的自省力

"君子以反身修德。"这是说君子应该很好地反省自己,提高自己的品德修养,懂得警醒自己,修身省过。

人总有这样或那样的不足,若将这些不足和缺点及时改正,前进的方向还是正确的,如果对其不理不改,任其发展,后果就会很严重。因此。我们要经常反思自己的言行,力求在自省中发现不足,发现问题,并切实加以改进,从而进一步提高自己思想修为。

我们要时刻检查自己的道德行为。学生们都喜欢模仿,教师的一言一行、一举一动都会对学生的思想、行为和品质产生一定的影响。正因为这样,教师必须为学生做出榜样,要严于律己,以身作则,诲人不倦,时时刻刻检查自己的一言一行、一举一动。特别是我们教师要求学生做到的,教师自身首先要做到；我们教师要求学生不能做的，我们自己就坚决不做。只有这样，教师才能让学生心服口服，学生才能真正把教师当成良师益友。

总之，教师的职业道德是教师最重要的素质。我们既然选择了这一职业，就不要后悔，选择了我们就开心快乐地面对我们的职业，选择了就要爱自己的职业，爱自己的学生，在平凡的岗位上兢兢业业，尽心尽责，以心换心，以爱博爱，倾我所有，去换取明天的桃李芬芳。

《易经》的内涵博大精深，自身理解水平有限，故上述认识难免较为粗浅。其实，在《易经》中值得借鉴的经典之句还有很多，我们有机会可以选择性地细细品读，在品读中体会，在品读中思考，在品读中提升。

（作者部门：护理学院）

苦难孕育辉煌

——《苦难辉煌》读后感

李 琼

学校这学期推荐读《苦难辉煌》，开卷以后，不能自抑，竟成了我爱不释手的书，后来一口气看完，直呼过瘾，颇有收获，掩卷深思，感慨良多。

历史，纵然已逝，却永远魅力无穷。《苦难辉煌》展示了一幅中国共产党经过成长、奋斗、苦难、挫折，最后走向辉煌的波澜壮阔的历史画卷，作者金一南教授带领我们从时间的起点俯瞰，透过那个时代多维的社会乱象，将历史、现实与未来联结，更深远更清晰地理清共产党领导下中华民族的未来走向。作为一名思政课教师，我对党史并不陌生。但是，把中国共产党的发展放在国际共产主义运动的大背景中，放在与国民党的对照中，放在日本帝国主义法西斯侵略史中来描绘，这无疑是第一次。

此书把中国百年革命史如同巨幅卷轴般缓缓展开，全景式地展现了中华民族百年复兴历史命运的根脉和起点，以及历史进程中的一个个不容回避的拐点。作者从有重大影响的政治力量、政治事件、政治人物入手，联系苏联社会主义革命、共产国际活动以及日本军国主义兴起等国际背景，以两万五千里长征为主线，审视了人民军队的领袖们在历史重大关头突出重围，最终夺取胜利的历史足迹。金一南教授明确地解答了"中国红色政权为什么能够存在？"这个问题，也让我们第一次深深理解了"星星之火可以燎原"这句话的真谛，更让我们理解了"中国共产党的胜利是历史的选择"这一精辟的论断。

历史已经证明：辉煌永远与苦难相伴，历尽艰难，才能像凤凰涅槃，重获新生。历史给中国共产党人的磨难，超过了所有其他政治团体和党派。外部的围追堵截，内部的争论与妥协，以及无尽的跋涉、惊人的牺牲、大量的叛变，中国共产党人遭受着如此的地狱之火，在历史重大转折关头慨然承担救国使命，突出重围，杀出血路，最终夺取胜利。中国共产党从成立之初几个人组成的小政党，到后来取得中国革命的胜利，并领导中国人民当家作主开创社会主义新时代，完成了一个世界性的创举。中国革命不是凭一纸宣言、一个纲领、一个领袖就能够成功的。在红军长征途中，有著名的四渡赤水之战、湘江之战。最令人惊叹的不仅是领袖人物的领导艺术和指挥技巧，更是中国工农红军空前顽强战胜死亡的决心和寻求胜利的意志，它是不死鸟，它是火中凤凰！

当时人们很难想到那支在崇山峻岭、江河草地中长征的疲弱不堪的队伍，正背负着这个世界上最大国家和民族复兴的全部希望。正如书中说道，中国革命的胜利不是天赐良机，而是来自千万人的英勇献身。红军20师师长胡天桃被俘，让国民党大吃一惊的是一位红军师长在冰天雪地中身上只有几件打满补丁的衣服，而在国民党的威逼利诱下，胡天桃始终只有一个字"不！"这就是共产党人的信仰，这样的人就是我们这个民族的脊梁。

历史记载的非完全客观性决定了历史是相对的。从启蒙时代的法国到德国历史哲学都探讨过历史认识的客观性问题。笛卡尔曾指出即使是最真诚的历史，即使它们没有完全歪曲事实，也总是非常普遍的做出一些删减，这样字面上的东西就往往不能反映真实的情况。但是历史是人类自己创造的，因此对于人类来说，历史是可以认识和理解的，同时人类的认识和理解并不能完全保证历史的真实性，因为人们在认识历史时偶尔会落入一些由于人类自身偏见而造成的陷阱。所以，在真正辩证理性的反思中，无论历史认识运动过程，还是历史认识运动结果，都是主观性与客观性的辩证统一，二者从不分离。人们的心智是随着时代条件的变化而变化的。

我们在学习革命史的时候要置身于历史，研究分析社会现状。为什么中国共产党为什么能够在军阀割据战乱不断，各种救国理论争论不休，社会各阶层群起攒动，广大人民生活水深火热，社会各阶层风起云涌的夹缝中生存并壮大？正是因为中国共产党选择马克思主义作为解决中国问题的理论武器，马克思主义作为科学真理，为中国共产党解决中国问题提供了强大的理论支撑，但要真正解决中国问题，还必须善于运用这个科学的理论武器，找到用马克思主义解决中国问题的根本方法。中国共产党运用马克思主义解决中国问题的根本方法，是把马克思主义基本原理与中国具体实际相结合，走自己的路。其具体的内容和要求概括起来主要包括以下几个方面：第一，马克思主义不是教条，而是行动的指南。这是把马克思主义与中国实际相结合的基本前提。第二，解决中国问题是我们运用马克思主义的目的所在。我们为什么要把马克思主义运用于中国？其目的正是为了解决中国的问题。毛泽东同志形象地用"有的放矢"来说明这个道理，他说："要使马克思列宁主义的理论和中国革命的实际运动结合起来，是为着解决中国革命的理论问题和策略问题而去从它找立场、找观点、找方法的。这种态度，就是有的放矢的态度。'的'就是中国革命，'矢'就是马克思列宁主义。我们中国共产党人所以要找这根'矢'，就是为了要射中国革命和东方革命这个'的'的。"第三，一切从实际出发，是运用马克思主义解决中国问题的基本要求。"只有认清中国社会的性质，才能认清中国革命的对象、中国革命的任务、中国革命的动力、中国革命的性质、中国革命的前途和转变。所以，认清中国社会的性质，就是说，认清中国的国情，乃是认清一切革命问题的基本的根据。"第四，实事求是是运用马克思主义解决中国问题的根本方法。实际上就是研究中国的实际情况，探索其内在联系和发展规律，并根据这些客观规律指导我们的行动。

中国共产党吸取了先进的理论，用先进的理论指导实践，并结合中国革命实际，从理论到实践再从实践到理论，找到一条中国革命成功的道路。祸兮福所倚，福兮祸所伏。"苦难"与"辉煌"是完全不同的两个概念，但回顾我党的历史，你会发现正是在无数的苦难中,一步步孕育成功,一步步走向辉煌。党的成长过程就是浴火重生,每经历一次苦难都更加成熟、发展壮大,直到走向辉煌。海明威曾说:"生活总是让我们遍体鳞伤,但到后来,那些受伤的地方一定会变成我们最强壮的地方。"曾经的苦难或许正孕育着未来的希望;过去的创伤或许正是我们应对生存危机的力量。正因为苦难的积淀积累了宝贵的经验和方法,大革命失败后,中共从中国革命的具体实践出发,探索到了一条符合中国革命特点的"工农武装割据"道路,实现了由城市向农村的道路转变;"八七会议"确定了开展土地革命和武装反抗国民党反动派的总方针;南昌起义、秋收起义、广州起义是中国共产党独立领导武装斗争的开始,为中国革命从城市转入农村,建立农村革命根据地,开展土地革命拉开了序幕;井冈山革命根据地的建立,点燃了"工农武装割据"的星星之火,在此理论指导下,农村革命根据地纷纷建立,星星之火形成燎原之势。

先辈们的探索和实践为后人积累了大量可借鉴的宝贵实践经验,用科学的理论指导实践,创造了一个又一个辉煌,虽然其中走过不少弯路,但是共产党人能够勇敢地面对自己的错误,修正路线,拨乱反正,恢复国民生产建设,使中国走上了民族复兴之路,中国巍然屹立于世界民族之林。

回顾书中中国共产党的建党过程,我们不禁感叹:正是由于早期的共产党员有着忧国忧民的意识,有着远大的理想和抱负,有着共产主义必胜的信念,在那个黑暗的年代靠着信仰和信心从苦难走向了辉煌,这就是党留给我们的宝贵财富，值得我们每一个共产党员牢记和传承。

作为一名共产党人我们要始终牢记历史赋予的重任，敢于在创造历史的进程中承担自己的责任。在新的时代，我们共产党人肩负着中华民族伟大复兴的历史使命，放到历史长河与世界范围看，新的挑战也许不亚于二三十年代共产党人面临的挑战，这不是单个共产党人生死存亡的问题，而是关系到我们整个党生死存亡的问题。在续写历史的新时代中，广大共产党员更应该以对崇高信仰的忠诚与坚定，始终把广大人民群众的利益放在心上，根植于中国大地，才使共产主义的信仰之花盛开，社会主义的中国屹立于世界东方。同时，从苦难中走过来的共产党人应该保持着与时俱进的精神，其担当的历史使命和任务随着时间的前进不断变化。这种与时俱进在当下主要是体现在创造和发展满足人民群众日益增长的物质精神需求的先进生产力和先进文化，这是当代中国共产党人执政兴国的第一要务。这种先进性的与时俱进，要求共产党员不能够居功自傲，不能躺在过去的功劳簿上，要有忧患意识，知道自己使命在肩，就没有一丝懈怠的理由。面对困难迎接挑战，狠抓机遇，在工作中发挥党员的模范作用，做一名合格的共产党员。真心实意为人民谋幸福，培养出勇于担当和勇于变革的胆略和气魄。继承先人的光荣传统，从先人的苦难辉煌实践中汲取营养，建设高尚的精神家园，唯有承受新的苦难，才能创造新的辉煌！

（作者部门：人文学院）

《弟子规》读后感

汪乐原

2012年我阅读了一本名为《弟子规》的传统典籍。此书作者姓李，名毓秀，清康熙年间人。他根据童蒙教育的需要，写成《训蒙文》，后经贾存仁修订，改名《弟子规》。该书依据《论语》、《孟子》、《礼记》、《孝经》和《朱熹语录》等儒学经典编辑而成，核心思想是孝悌仁爱。它以《论语·学而》中的"弟子入则孝，出则弟，谨而信，泛爱众，而亲仁，行有余力，则以学文"一句开篇，列举了子弟在家、出外、待人、接物、求学等礼仪，三字一句，浅显易懂，音韵谐美，知识丰瞻，是启蒙养正、规范言行、防邪存诚、忠厚家风的好读物。

《弟子规》教导我们，在日常生活中首先要做到孝顺父母、友爱兄弟姐妹；其次在一切日常的言语行为中，要小心谨慎，讲信用，与大众相处时要平等博爱，并且亲近有仁德的人并向其学习；如果还有多余的时间和精力，就应该好好学习六艺等其他有益的学问。

《弟子规》嘱咐我们，人的内在一定要以道德作为基础，要亲近仁人君子，用圣贤的智慧来巩固我们的道德思想和修养,使自己在种种诱惑面前能把持住而不受干扰。

《弟子规》告诫我们,若不亲近仁人君子,不接受圣贤教育,就会有无穷的祸患。因为不肖的小人会趁虚而入,跑来亲近我们,日积月累,我们的言行举止就会受到不良的影响,事情就会弄得一塌糊涂,最后导致整个人生的失败。什么是小人?就是追求世间名闻利养,自私自利,胸无大志,对圣贤思想丝毫不想学习的人。小是因为其心量小,心中只有其自己。什么是大人?就是心量大,心里装着众生,忘了自己,努力践行圣贤教导的人。而所谓"人生的失败",就是做出被人民、社会乃至祖国所鄙视之事,甚至成为被人民、社会乃至祖国所唾弃之人。

我想到,古人读书是志在圣贤,而现在的很多人读书是志在赚钱。许多家长和老师只注重孩子的成绩分数,不注重其品行教育,结果孩子越学越傲慢,讲得头头是道,行动上却做不到,变成伪君子。我国现代社会受西方文化影响,其教育主要是传授知识技能,很少有道德的指导,因此所传授的知识技能有可能被学生滥用而贻害人类。对个人而言,有才无德会给自己和他人带来极大的痛苦,所以当务之急是努力恢复中国传统的伦理道德教育,使孩子或学生都明白先做人、后做事的道理。作为教师的我,更应以身作则,率先垂范。

(作者部门:药学院)

中医的书法修养

——读《名老中医处方墨宝》有感

邹开军

《名老中医处方墨宝》一书，字里行间流淌着对中医浓浓的深情。该书通过艺术欣赏研究中医，通过中医学术透析书法，使书法与处方、医案交汇，医与文融为一体，创造了一种中医药文化独特的表达方式。

医文一体：中医与书法的联姻

中医学是中华优秀传统文化的重要组成部分，以书法记录中医、以书法艺术表现祖国医学是中国文化最基本、最成熟的表达方式，中医古籍流传史上处处都铭刻着书法的烙印。这种医文结合、医文一体的现象，既灌注着中国文化的鲜活血液，又凝聚着中医人的智慧和创造，是中华民族灿烂文化中的瑰丽奇葩。

文以载道，载道者，载医之道，载书之道也。祖国医学与书法艺术早有联姻：以书之法，修身养性，完全符合中医养生之道；以中医理论指导和充实书法规则，使得书法艺术更具品位。中医为中华民族的繁衍生息和人类健康作出了巨大贡献，中医使人健康，书法给人美的享受，陶冶情操。书法又是与社会生活有着广泛联系的综合艺术，二者结合形成的《名老中医处方墨宝》，是一本将名老中医治学经验与书法艺术相结合的珍贵历史资料。

医文相通：密不可分的两大国粹

中医与书法二者有着共同的哲学、文化、社会基础，在其发展中都受《周易》、《老子》、《庄子》等思想的影响。二者共同的哲学思想"一阴一阳之谓道"，为其发展奠定了坚实的基础，并且以其为纲，指导各自的方方面面。从根本上讲，气与经脉是中医的基础和出发点，也是归宿点，同时更是关于生命的哲学视角。而一幅精美的书法作品，字里行间小章法连着大章法，其中点画之间构成空间形式，这种"阴阳变化"正好体现了气的生息变化，同人体生命中经脉的运行法则非常接近。书法上点画的粗细使转、方圆向背、阔窄疏密、伸缩舒张；用墨的枯湿浓淡，用笔的轻重徐疾，字体的偃仰开合、长短参差、秀丽刚劲；章法上承上启下、相互顾盼、宽处走马、密不透风，或气格雄健、情致豪迈，或脱去雕饰、崇尚自然，达到表现人格、寄托情感、追求意境的自然美，处处体现了辩证法和极强的生命力，均是在《老子》"道法自然"的哲学思想影响下发展的。因而，中医、书法形成各自博大精深的文化，成为中华民族的两大国粹。

医文兼精：读书写字是医家的基本功

旧时，老中医用"一手好字、二会双簧、三指按脉、四季衣裳"概括了一个有学养的中医应具备的四个条件，其中"一手好字"被列在第一位。过去的老中医很多不仅是杏林高手，也是书法大师，如古代的孙思邈、傅青主均为医书兼精的巨擘，而近现代兼善书法的医家更不胜枚举。同样，历代的不少文人，对医学有浓厚兴趣并精通者也大有人在。著名书法家王献之的《鸭头丸帖》、苏东坡的《覆盆子帖》和黄庭坚的《方药墨迹》等方药字幅，都是书法艺术中的瑰宝。

医家看病开方，必须具备读书写字的基本功。过去的老中医们都是以毛笔作为书写工具，自幼系统地临摹过法帖，受过较好的书法技法训练。许多老中医熟读中医典籍，对文史哲涉猎广博，学验俱丰，他们书写的医案引经据典，前后贯通，医学、哲学、文史熔为一炉，构思巧妙，思路开阔，妙趣横生。同时，因为有深厚的书法功底，又不刻意于书写的形式，所以书写出的医案没有丝毫做作，自然更臻妙境。古往今来，许多名家的医案就是一件令人赏心悦目、拍案叫绝的书法佳作。

民国以后，随着文字改革，白话文崛起，医案的书写质量和形式渐渐淡出人们的视野。这种书法与医案的交汇、医与文的结合，正在手写功能逐渐蜕化的过程中逐渐淡化，现代医案和著述中的文化味也越来越淡。现在已很少有人书写医案了，甚至有些年轻的医生根本不知道医案该如何书写。他们的处方如同天书，让病家一头雾水，以至于来复诊的病例，医生对自己以前书写的病历也要猜上大半天。老中医诊病书写医案的认真态度，对当今的年轻医生应有所启迪。

一位朋友曾给我讲过他自己的一段经历：在跟师临床过程中，他和一位同学轮流为老先生临症抄方。他的这位同学喜欢写草书，有一次不小心在抄方时写了几个草字，老先生当着病人的面撕掉了这张药方，并让这位同学重新抄写。待病人走后，老先生语重心长地对两名"弟子"说："处方关系到病人的生命，来不得半点马虎。"试想如果碰到一位不懂草书又马虎的司药，拿错了药给病人，后果将不堪设想。老中医这种苍生大医情怀，令我的这位朋友非常敬佩，也让我这个"听故事"的人十分感动。

《吴医汇讲》中写道："文有医人于草书者，医案人或不识，所系尚无轻重，至于药名，则药铺中人岂能尽识，孟浪者约略撮之而贻误，小心者往返询问而羁延，可否相约同人，凡书方案，字期清楚，药期共晓"。鉴于现在中青年医师书写质量亟需进一步提高的问题，我设想在中医院校开设书法类选修课程，或不定期开展一些书法讲座之类的活动。前不久，我校工会组织了教工书法摄影展，将临床医师书写优美的处方展出,供大家学习借鉴,展出后反响强烈,引起了广大师生对书法的重视与兴趣。如能持之以恒,使新一代中医师的书写质量得到普遍提高,则无疑对中医药事业的发展是非常有益的。

(作者部门:校工会)

忘记过去就意味着背叛

——《苦难辉煌》读后感

张红兰

《苦难辉煌》这本书以客观详实的笔墨描写了民主革命时期，中国共产党从幼稚不断走向成熟的历史过程，记述了1920年代起，左右中国前途命运的四种力量（中国共产、共产国际、中国国民党、日本昭和军阀集团）之间的殊死较量。作者既不掩饰错误，又不一味赞颂功绩，而是如实撰写并加以客观评价。通读全书，回顾历史，感悟颇深，受益匪浅。

其一，信仰和思想是一个政党、一个民族生生不息、战胜苦难、蓬勃发展的源泉。怀玉山之战时红十军团的师长胡天桃被俘，国民党将领王耀武要亲眼看看红军的师长到底是什么模样。当他见到胡天桃时惊呆了：时值严冬，天寒地冻，这位红军师长上身穿了3件补了又补的单衣，下身穿着两条破烂不堪的裤子，脚上是一双不同色的草鞋，背着一个破旧的粮袋，袋里装着一个破洋瓷碗，除此之外，再无他物。王耀武问胡天桃："你家在哪里，家里还有什么人？告诉我们，可以保护你的眷属。"胡天桃坚毅地回答："我没有家,没有亲人,不要保护!"

王耀武当年一身将校戎装,在寒冬中与衣衫褴褛、脚穿两只草鞋的红军师长胡天桃谈论国家兴亡、民族命运、个人生死,这是一种何等迥异的思想境界的交锋!在对话中,一位红军青年将领把中国共产党人的理想信念、意志决心阐述得淋漓尽致,而王耀武虽打了胜仗,却输掉了精神,输掉了信仰。中国共产党人之所以能战胜强大的反动势力,最终取得全国性的革命胜利,靠的就是这种坚持理想信念,甘愿自我牺牲的精神和信仰。

其二,无论何时,我们都要有勇气成为那些参与耕种但不去谋取收获的人,这样的人是国家和民族希望的所在。如果以个人的成败得失作为心中的准绳,那么中国不会有孙中山,不会有毛泽东,不会有前赴后继、流血牺牲的烈士,不会有奔走呼号、视死如归的民族英雄。那些倒在长征路上的烈士之所以参加革命,走上一条当时看来是九死一生的革命道路,图的绝不是个人的成败荣辱,他们想到的是让国家民族真正富强起来,让后世子孙能过上好日子,所以他们能够大义凛然,能够从容面对各种苦痛,哪怕是死亡。就是这些把人民大众的福祉和国家民族的存亡放在心里并为之奋斗终生的人给予了我们今天的一切。他们这种崇高的革命精神,无论何时何地,都需要我们去继承发扬。

其三,我辈责任重大,那些艰苦岁月中沉淀下来的精神财富,需要我们继承发扬,代代相传。当年在枪林弹雨中活下来的前辈,如今也是白发苍苍的老人了。当大部分鲜活的生命成为掩映在书籍中文字、插图的时候，无论多么精彩、多么悲壮的历史事件也都会在一代又一代人的记忆中渐渐淡去。在如今的和平年代，当我们平静而坦然地享受着霓虹灯装点的生活时，忽然有人说起长征，讲起革命的时候，我们应该想起什么呢？

　　作为一名生活在和平年代的青年党员，当我细细品味《苦难辉煌》作者这番文字的时候，我感到身上的责任无比沉重。历史车轮滚滚向前，在今后的日子里，我们永远都不能忘记，我们这个民族，曾拥有过一批如此义无反顾、舍生忘死、视死如归的共产党人，是他们用鲜血和生命铸就了一种精神，一种天下为公、至死不悔的精神。这种精神是中国共产党、中华民族永远的财富。失去或者遗忘他们，就是历史的罪人。

（作者部门：人文学院）

那些人 那些事 那些感悟

——读《明朝那些事儿》

胡仙荣

历史的写作，往往因为其煞费介事的铺成和严肃的语调而显得曲高和寡。对于绝大部分人来说，历史是一个遥远而又乏味的名词。然而，最近我接触到一本历史书籍，作者用轻松流畅的语言指点江山、褒贬人物，可以说嬉笑怒骂皆成文章，让平时不怎么读历史书籍的我有一种欲罢不能的阅读快感，这本书就是《明朝那些事儿》。

以史为鉴，方能知得失。《明朝那些事儿》描述了朱元璋从出生到崇祯皇帝自缢身亡这一段风云变幻的历史，其中的人物描写如同小说一样栩栩如生、个性鲜明。作者对主要历史人物的人生轨迹和人生感慨赋予了个性化的解读，颇值得玩味。

在这本书里，人生百态尽显其中。有嘴脸丑恶的小人，有心狠手辣的宦官，有见利忘义的奸臣，当然，更有舍生取义的勇士、坚守信念的强者和独守正道的孤胆英雄。隐藏其后的，还有那复杂又难以捉摸的人性。在整部书中，于谦是一个举世皆浊我独清，世人皆醉我独醒，挽狂澜于即倒，扶大厦于将倾的角色。这样的一位民族英雄，千百年来，有几位能望其项背？我们理应牢记这个名字，记得百年前他高呼"言南迁者，可斩也！"以一介书生之力，披甲上阵，力挫来犯之敌，挽救大明于危亡。袁崇焕，尽管这是一个充满争议性的人物，但我们难道不应学习他的优点么？我记得的袁崇焕，是一个坚守孤城，没有后援，没有补给，面对数倍于自己的敌军，依然奋力坚守，顽强御敌的坚韧的人，他的行为只因两个字——信念。在他的一生中我始终能看到有一种无坚不摧的力量，任由多么强大的敌人在它面前，也只能铩羽而归。张士诚是一个有着坚强意志的人，他白手起家，最终成就一方霸业。但他的缺点和他的优点一样突出，作为乱世群雄中的一个，他有着小富即安的心理，却并不明白，在这样的环境中进行的只能是淘汰赛，胜利者只有一个。明朝是一个奸臣小人四起的年代，也是一个英雄豪杰展翅翱翔的年代，许许多多这样的人物在书中留下了鲜明的印记，正是有了他们，才使得明朝的历史，变得更为绚烂多姿。

　　朱元璋是这本书中无法不提及的人物，他的崛起给我们的启示也更大。朱元璋有个座右铭："你的就是我的，我的还是我的"。靠着这样的逻辑，天下一点一点地被他收入囊中。他是成功的，他的逻辑也被很多人信奉着。为了保证天下是自己的，并且能千秋万代，他精心、刻意地做了许多安排，夺兵权、杀异己，却无法保证天下不会被他的继承者夺走。看来，无论你多么强大、多么精明，你可以将别人的东西巧取豪夺过来，却无法阻止他人又巧取豪夺走。皇帝如此，官员如此，商人如此，所有强者皆如此。

人生最痛苦的是不在于有一个悲惨的结局，而在于知道了结局却无法改变。命运之神其实并不存在，他也不会将宝剑和钥匙交给一个乞丐，没有人去同情和可怜一无是处而又不思进取的人。朱元璋的一切都是自己争取来的。他告诉我们，坚强的意志和决心可以战胜一切困难；他告诫我们，执著的信念和无畏的心灵才是最强大的武器。

也许，我们凭借一己之力永远无法改变历史的进程，但我们可以改变我们自己。在这部书的末尾，我读到了一句话："什么是成功？成功只有一个——按照自己的方式，去度过人生。"在《明朝那些事儿》林林总总的人物中很难用一种标准去评判某人是成功的或失败的，每个人在各自的历史境遇中所做的各种选择都有他的必然性。然而，可以肯定的是，一个人有什么样的理想，便会成为什么样的人。确实，现实是残酷的，但正是因为现实太残酷，我们更不应该放弃自己的理想！正是因为有了理想，才使得我们在这彻骨的现实中保有一份温暖，保有一份信念，保有一份不放弃的精神，支撑着我们一路走下去。

（作者部门：校工会）

一代枭雄之争

——读《苦难辉煌》有感

胡 洁

毛泽东与蒋介石可谓中国现代史上的一对枭雄。经过20多年的龙虎争斗，最终以老蒋败北而告终。与其说是老蒋无能，不如说是毛泽东太英明。

蒋介石其人并非等闲之辈。他少年立志、聪慧过人，东渡习武，严于律己，立志报国，后追随孙中山先生东征北伐，功勋卓著。他计谋深远，善用权术，最终掌握国家最高军政大权，先后搜罗张作霖、李宗仁、冯玉祥、阎锡山等大军阀集团，成为世界瞩目的政治明星。因此共产国际和斯大林看好的是蒋介石，而不是毛泽东；苏美两个超级大国支持是蒋介石而不是毛泽东。

但最后，蒋介石依然成为毛泽东的手下败将。

毛胜蒋败，原因林林总总，笔者想用两句话概括：相对毛泽东，蒋介石在政治上"略输文采"；在军事上"稍逊风骚"。毛泽东拥有坚强意志和正确思想，蒋介石虽也有意志却没有正确的思想。

首先，蒋介石在政治上违背了当时多数人民的根本利益。

在治国安邦方面，老蒋和他领导的国民党力主保护私有财产不受侵犯，特别护持地主资本家的利益。他竟然认为共产主义所主张的消灭私有财产对社会治安最为有害，因此3次掀起反共高潮，与代表人民利益的共产党势不两立。

诚然，强调保护私产，以法治国，这本是一个文明社会和法治国家应有的做法。西方发达国家和在蒋去台湾后的所作所为都证明这样做并不为错，即便是放在当今社会来看，无疑也是正确的。

但在20世纪前期，中国刚从封建社会走出不久，军阀混战，民不聊生，广大人民生活在水深火热之中。此时你不去解救99%的人民，而只是关心1%的富人和官僚（蒋本人及亲属也在这少数富人之列），最后发展到对日本侵入中国的严峻局面熟视无睹，却围剿抱有坚定信仰且为生活所迫揭竿而起的红军，老蒋这种犯众之师，加上在指挥能力方面又较毛泽东稍逊一筹，焉有不败之理？

毛泽东则认为，中国最大问题是解决广大民众穿衣吃饭等民生问题。毛泽东以广大劳苦大众为基本力量，提出"打土豪分田地，使农民耕者有其田，使工人当家作主人"的革命口号。这种主张在当时顺应民意也顺应了历史潮流。

在广大民众看来，中国共产党能让大家活命就是大救星，因此共产党登高一呼，万众就会齐声响应。被俘的国民党士兵看了一场《白毛女》就会掉转枪口去打国军，就是因为这些本为穷苦出身的人知道了真正的爱和恨。不难想象：如果在朝鲜战场上为美国战俘演出 10 场《白毛女》，结果必是对牛弹琴，枉费心机，因为美国兵只知道欠债还钱天经地义。中国的穷苦百姓和士兵能对《白毛女》产生共鸣，证明共产党的革命主张顺应民意，顺应潮流。人民解放军战士为了解放自己，解放自己的父老乡亲，为了过上好日子，怀着对统治阶级的深仇大恨，冲锋陷阵，英勇杀敌，自然会攻无不克，战无不胜，加上毛泽东的战略战术英明，焉有不胜之理？

应该指出，毛泽东和蒋介石治国的出发点都是意在富国强民，但在选择上两人不尽相同。

毛泽东选择了共产主义，并将其与中国的实际情况相结合，努力实践，最终成为成功者。

而蒋介石则选择三民主义，也将其进行了改良，但却成为失败者。

时势造英雄，但英雄需识时势。毛泽东是识时势之大杰，其选择显然优于蒋介石。

在人格魅力，亦即个人气质、胆略和气量方面毛泽东均远远超过蒋介石。量小非君子，蒋介石的人格缺陷也注定了他必然败在毛泽东脚下。这就是说，两人如果将选择进行对换，蒋介石也未必是成功者。

毛泽东雄才大略，一心救国，不谋私利，上下形成廉政风气；毛泽东同情弱者，仁慈为怀，信任属下，肝胆相照，委以重任，指挥英明，将士们愿为知己者死，在战场奋勇杀敌，捷报频传。

蒋介石从政挟带很重的个人野心和私利，奉行"爱才如命、挥金如土、杀人如麻"之信条。青年时东渡日本学武曾写下豪言："腾腾杀气满全球，力不如人肯且休，光我神州完我责，东来志岂在封候。"后来果然成了杀戮成性的屠夫（对共产党宁可错杀一千不肯放过一个），蒋宋孔陈四大家族富可敌国，从中央到地方腐败透顶。蒋心胸狭窄，对下属只是利用、怀疑加监视，使之人人自危，指挥专断，偏喜直接指挥，干扰下级作战，"哪里有蒋介石哪里就会打败仗"已经成了国军的口头禅。

毛、蒋争斗的22年里，井冈山上红旗招展，四渡赤水克敌制胜，万里长征脱离困境，延续延安精神，三大战役胜利在握，渡江南下解放全国。毛泽东思想光芒万丈，蒋家王朝大势已去，躲在小岛苟延残喘。

中国选择了毛泽东，世界选择了毛泽东，历史选择了毛泽东。

命运就是这样巧妙：堪称枭雄的蒋介石偏偏遇到了克星毛泽东。任老蒋费尽心机，机关算尽，最终依然成为毛泽东的手下败将。是败于主义还是败于枪杆子，是败于对历史的把握还是对未来的筹划，蒋介石本人终身不解其中奥秘。

三国时，周瑜慨叹："既生瑜何生亮？"蒋介石也应该叹惜"既生蒋何生毛？"蒋介石算得上大智大勇之人中豪杰，但毛泽东则更是大智大勇之人间王者！毛泽东与蒋介石同处一个时代，乃老蒋的最大悲哀。

（作者部门：教务处）

"立德"与"修文"

——读《论语》有感

洪　辉

近日,翻阅《论语》时,《学而》篇中有两句话令我感触颇深。子曰:"弟子入则孝,出则悌,谨而信,泛爱众,而亲仁。行有余力,则以学文。"子夏曰:"贤贤易色;事父母,能竭其力;事君,能致其身;与朋友交,言而有信。虽曰未学,吾必谓之学矣。"这两句话的大意为,孔子说:"为人子弟者,在家应当奉行孝道,在外应该友爱兄弟,关爱他人,亲近有仁德的人。如果能充分地做到以上这些,就可以学习文化知识了。"子夏说:"崇尚有贤德的人;孝敬父母能够竭尽全力;辅佐君王能够舍身忘我;交朋友能够言而有信。这样的人即使没有学习过文化知识,我也会说他是一个有学识的人啊。"我个人认为这两句话阐述了"立德"与"修文"的关系,对目前中国的教育现状很有警示意义。

在儒家思想中,"学"有两重含义,一即品德的修养,就是所谓"立德",包括仁、义、礼、信、孝、悌的修养;

二即知识技能的学习，就是所谓"修文"，包括礼、乐、射、御、书、数以及《诗》、《书》、《礼》、《乐》、《易》、《春秋》的学习。孔子教育学生，"立德"在前，"修文"在后，"立德"学仁为主，德为根本，文以辅之。这也是儒家为"学"的基本思想。随着时代的变迁，"德"与"文"的具体内容或许发生了较大的改变，但是对于两者的关系，个人认为儒家的观点仍然值得借鉴。

现如今，德与文，孰轻孰重、孰先孰后，看似不言而喻，实则已本末倒置。不论是幼儿园教育还是大学教育，不能说是有德无文、唯文弃德，至少也是到了先文后德、重文轻德的地步。有子曰："其为人也孝弟，而好犯上者，鲜矣；不好犯上，而好作乱者，未之有也。君子务本，本立而道生。"君子应务本，何为"本"？我想就是一个人的德行。如果一个人能够养成良好的德行，那么自然能做到孝敬父母、关爱兄弟、恪尽职守、言而有信，这样的人"修文"就会造福于社会，反之就会危害于社会。德未及立，何以能学文？不立德在先，怎能保证学文以为善而不为恶？知识习得愈丰富、愈精深，则能量愈大，反之为恶的危害性也极大。因此，子谓子夏曰"女谓君子儒，无为小人儒。"

道理固然浅显，但是双眼被功利所迷，即使饮鸩止渴，也浑然不知。古代读书人亦从书中求"黄金屋、颜如玉"，今人更甚。"修文"的种种好处，显而易见，功名利禄，尽在其中。有利如此，何复立德！人之为人，德为根本。功名利禄，固然是好，有道取之，亦为美事。但是如果没有

"德"的约束，就很能保证"取之有道"，人的本性也难免迷失，变得冷漠、自私、贪婪，最终导致整个社会的倒退。不论是大学校园内如马加爵、药家鑫的惨痛案例，还是社会上见死不救以及出手相助反被诬蔑从而惹祸上身的新闻报道，都让人感到社会公德的败坏以及国人道德底线的一再沦陷。老子在《道德经》中说道"绝圣弃智，民利百倍"。这固然有失偏颇，但也说明了有文无德的危害。"虽曰未学，吾必谓之学矣。"这句话，我深以为然，一个有德无文的白丁较之于一个有文无德的"伪君子"更称得上一个"学"字。

以我之愚见，中国的教育有重文轻德的弊病。中国德育本身也有一个很大的问题，德的内容没有得到广泛认同，德的标准没有统一，德的行为规范没有确立，简要的说就是缺乏可实践性。《论语》中，君子的一言一行无不要崇礼合德，日常起居无不要循规蹈矩。《八佾》篇中载子曰："君子无所争。必也射乎！揖让而升，下而饮。其争也君子。"我这里不是想强调"君子之争"所体现的彬彬之风，而是想说，古人即使一项体育竞技比赛，也有"揖让而升，下而饮"的道德规范。当然我不是想倒退历史，照搬古人的德育模式，但是空洞无力的"口号教育"甚至于连德育者本身也说不清的"大话教育"，只能是自欺欺人的把戏。连布置给学生"父母洗脚"的道德作业，都要遭人曲解、遭人嗤之以鼻，我们的德育如何才能做到身体力行？道德的认同只能在具体日常实践中取得，道德的标准也只能在实际行动中得到统一,道德的规范只有应用于实践才能真正确立。

我们需要放慢脚步,我们需要冷静思考,我们需要身体力行,但似乎我们沉醉于前进的速度,忘记了前进的目的。

最近网络有一句流行语——"流氓会武术,谁也挡不住"。虽为调侃之谈,但调侃之余,也有些道理,是不是呢?

(作者部门:管理学院)

在岁月中感知《简·爱》

姚文艳

年少时所接触的第一部外国名著要数《简·爱》了,虽然之后阅读了不少中外名著,但至今仍旧最爱《简·爱》。

当时读它,为主人公的经历所感染。作者以自己的亲身体验、感受和憧憬为基础,借一个出身寒微的年轻女子与命运搏斗、战胜环境、战胜自己的动人故事,抒发自己胸中的积愫。简·爱面对收养她的舅妈及其子女的歧视与虐待,她表现得独立而坚强;在洛伍德学校,面对伪君子牧师从精神和肉体上的种种摧残,她表现得依然顽强,最终获得大家的尊重、喜爱;在罗切斯特家里,面对家资巨富、外表阴郁冷酷内心善良多情的罗切斯特,她表现得自尊、自重、自信!不知不觉中,你被她的人格魅力打动着、吸引着,不能不去敬重她、喜爱她。年少的我因为她,更加热爱阅读了!

成年后读它,为小说的时代影响力所震撼。我认为它既是经典的、又是流行的。《简·爱》中所创造的女性形象对爱情、生活、社会、宗教都采取独立自主、积极进取的态度,是读者非常欣赏和赞同的。简·爱与男主人公罗切斯特之间的爱情因悬殊的社会地位和个性的差异而历经磨难。 作者以简·爱鲜明独特的女性视角和叙事风格娓娓道来，真实而富有艺术感染力。特别是简·爱的独特个性和思想，她的自尊自重，在打动身为贵族的男主人公的同时，也紧紧抓住了读者的心。简·爱敢于去爱一个社会阶层远远高于自己的男人，更敢于主动向对方表白自己的爱情——这在当时的社会是极其大胆的。简·爱藐视财富、社会地位和宗教的威仪，她认为："真正的幸福，在于美好的精神世界和高尚纯洁的心灵。"她的信念和行为展现出来的力量，使生活在金钱万能社会中的人们灵魂得到净化。这是一个对自己的思想和人格有着理性认识的女性，一个对自己的价值和情感做出了独立判断的女性。

如今的我走过了人生的一半路程，再次读它时，主人公的自尊自重与自信使我在生活中又有了新的感悟：在和罗切斯特结婚的当天，当简·爱知道了自己心爱的人有妻子时，她觉得自己必须要离开。"我要遵从上帝颁发给世人认可的法律，我要坚守住我在清醒时而不是像现在这样疯狂时所接受的原则，我要牢牢守住这个立场。"这是简·爱告诉罗切斯特她必须离开的理由，而从内心讲，是她意识到自己受到了欺骗。试问哪个女人能够承受得住被自己最信任、最亲密的人所欺骗呢？特别是在这样一种非常强大的爱情力量包围之下，在美好、富裕的生活诱惑之下，她依然坚持自己作为个人的尊严，这是简·爱最具有精神魅力的地方。品读中使人想到放手其实代表的是一个人的自信与自尊程度。越早放手的人越自信，因为他（她）要把自己的价值放在对方对自己的认可上，而不是自己对自己的认可上。因此，一个人越清晰地知道自己是什么样的人，就越能收放自如，即所谓拿得起放得下。有时候我们竟然可笑到要把自己的全部自信放在外界与他人的认可上。人家对你笑的时候，你就觉着自己是好的，人家对你皱眉的时候，你就觉着自己不行，真是可怜！

小说的结局是简·爱在罗切斯特落魄身残失明的情况下，毅然回到他的身边，在爱的感召下罗切斯特重见光明。品读中让人感动的同时不禁想到：男女之间没有输赢，许多浪漫之情产生了，又消失了。其中有一些幸运地成熟了，变成了珍贵的亲情。好的婚姻使爱情走向成熟，而成熟的爱情更有分量。当我们把一个异性唤做恋人时，是我们的激情在呼唤；当我们把一个异性唤做亲人时，却是我们的人生在呼唤！

简·爱的所为对于今天那些"宁愿坐在宝马车里哭也不愿坐在自行车上笑"的拜金女而言，是具有反思意义的。

在岁月中感知《简·爱》，在生活中体味人生！

（作者部门：管理学院）

读《李瑞环传》有感

高铁祥

今年暑假，我利用休息时间，读了一本很有意义的书——《李瑞环传》，受益匪浅。该书由几个章节组成，我对其中若干章节的内容印象较为深刻。下面是我的一些感想。

开篇代序《让时光给我们留下美好的回忆》一文是李瑞环同志在2002年11月政协第九届全国委员会常务委员会第十九次会议闭幕会上的讲话，也是李瑞环同志不再担任党和国家领导人之前的最后一次公开讲话。"我出生在农村，小时候在老家拉过犁，种过地，赶过车，织过布，许多农活都干过。""我当工人15年，包括做班组长、施工队长、突击队长，都是不脱产的。""其实对我来讲，退下来是一种解脱。地位高高，贡献小小，责任重大，常感不安。平稳地结束这如履如临的生活，过几年平常人的日子，是件难得的好事。""相处是缘分，是福分。相处是短暂的，友谊是长存的。希望这段时光给我们留下美好的回忆。"文中真挚的语言，质朴的感情，引导读者跟随作者踏上了一段务实求理的探索之路。

全文包括"改革、发展、稳定"，"'和'的思想"，"政协大会讲话","人民政协工作","统一战线工作","民族宗教工作","城市规划、建设和管理","农村问题","土地、水和绿化问题","为人民办实事","群众观点和群众路线","宣传思想工作","弘扬民族优秀文化","繁荣文艺","对外交往","学习理论、总结经验等"16个部分的内容,既全面地反映了李瑞环同志多年从事领导工作的实践经验和思想精髓,又深刻地刻画了1980年代至21世纪初期这20年间中国改革开放轰轰烈烈的历程;既完美地展示了哲学的魅力和力量,又正确地揭示了理论学习和实际工作的辩证关系;既完整地展现了李瑞环同志富有深厚哲学素养和高超政治智慧的智者形象,又真切地使人感受到李瑞环同志作为党的第三代领导集体的重要成员,一心为民、胸怀全局、讲究实际、实事求是的崇高品质。

务实,即从事或讨论具体的工作,也指讲究实际、不求浮华;求理,即追求、探求、寻求其中的道理和规律。这也就是我们通常所说的学习—实践—总结,再学习—再实践—再总结的过程。通过学习得出理论,用理论来指导实践,然后再根据实践来丰富理论,这种过程的循环反复,周而复始,是人类认识事物所遵循的客观规律,务实求理与学哲学、用哲学在逻辑上是统一的,是对学哲学、用哲学的最好解读。

从一个普通工人,一步步成长为党内外享有崇高威望的党和国家的卓越领导人,李瑞环同志被赋予了很多传奇色彩。2005年出版的《学哲学 用哲学》和2007年出版的《辩证法随谈》的热销，李瑞环同志被广大读者誉为"努力学习的人，勤奋工作的人，理论联系实际的人，不说空话大话的人，人民喜欢的人，人民不忘记的人"，是学以致用的典范。而通过《学哲学 用哲学》，我们感受到了李瑞环哲学思想的智慧、魅力和精髓；通过《辩证法随谈》，我们倾听到了李瑞环随时、随地、随事、随兴的侃侃而谈。而通过《务实求理》这部著作，我们更是体悟到了李瑞环虚怀若谷、脚踏实地、广大深远的追求与境界。

李瑞环同志作为党的第三代领导集体的重要成员，在长期的领导工作中，求真务实，创造性地把马克思主义的基本原理和世界观、方法论运用于具体问题的分析和解决过程中，结合中国文化中的智慧和思想，探索和总结出一套把哲学原理与工作实际相结合的学习方法和工作方法，为中国特色社会主义理论的丰富和发展作出了重要贡献。全书全面地反映李瑞环同志多年从事领导工作的所思所想所感所行，具有较高的理论价值和很强的可读性，是新时期马克思主义中国化、时代化、大众化的重要成果，对于广大读者深入学习中国特色社会主义理论体系，贯彻落实科学发展观，建设学习型社会具有重要的作用和意义。

（作者部门：信息工程学院）

仲尼亡兮谁为涕

——李白的悲剧人生

莫亮波

> 大鹏飞兮振八裔，中天摧兮力不济。
> 余风激兮万世，游扶桑兮挂左袂。
> 后人得之传此，仲尼亡兮谁为出涕？
> ——李白《临终歌》(《李太白全集》卷八)

公元761年，李光弼举百万雄兵征讨东南乱军，61岁的李白不顾年老主动请缨，无奈半途因病而返。次年，李白即客死于其族叔安徽当涂县令李阳冰处，临终赋有《临终歌》。

这位旷世奇才就这样唱着自己写给自己的挽歌悲壮地离开了人间。他在生命的最后时刻仍然自比庄子《逍遥游》中的大鹏。这只大鹏，虽然在大风中摧折了翅膀，力有所不济，却仍然可以让余风激扬万世，可是世间再无孔圣人为他的摧折而哭泣。这首诗蕴含了作者理想破灭后的巨大悲伤和无奈，流露出对人生的无比眷念和未能才尽其用的深沉惋惜。

这就是李白，一个用理想主义浇灌出来的时代英雄。在中国的文学、文化史上,他无疑是一个巨人,留给后人无穷的精神财富。然而,如果通读《李太白全集》(清•王琦注),把他放在人生价值的天平上衡量,便会发现他的人生富有浓厚的悲剧色彩。

　　李白是一个理想主义者,理想主义者最大的快乐是可以用俯视的姿态对待现实,而最大的悲哀是在现实中永远找不到立足之地。李白就是一直徘徊在这样的快乐和悲哀之中。尽管那本身就是一个高贵昂扬、理想高涨的时代,但李白膨胀的理想仍然可以让他成为那个时代的另类。他的政治理想是"申管晏之谈,谋帝王之术,奋其智能,愿为辅弼。使寰区大定,海县清一。"他以管仲、晏婴等著名政治家自期,希望成就一个"寰区大定,海县清一"的世界,他甚至还以周公自许,连给自己的儿子取名也和周公的儿子名字一样,都叫"伯禽"。可是无论是在开元盛世还是天宝危机,唐王朝政治生活的起起落落都与李白无关。李白终究只是一个纵酒高歌、行侠仗义的名士侠客。天宝初年,得名道士吴筠的推荐,加之李白的诗名著于一时,唐玄宗以"供奉翰林"召李白入长安。久居乡里的李白以为实现平身夙愿的时候了,高唱"仰天大笑出门去,我辈岂是蓬蒿人!"来到长安后,李白也受到了特别的礼遇。传说唐玄宗"降辇步迎,如见绮皓","以七宝床赐食,御手调羹以饭之",此刻的李白已经到了"人生得意须尽欢"的时候,所以有了杨国忠捧砚、高力士脱靴的故事。可悲的是,唐玄宗和当朝文武并没有把李白当做真正的经世之才而加以重用。供奉翰林只是皇帝的文学侍从，当皇帝和众嫔妃悠游玩乐时，有人赋诗填词，徒增雅兴。这时，豪气干云的李白只能终日受命作"云想衣裳花想容，春风拂槛露华浓"这样浓艳的诗句了。

身怀经世济民的抱负，却只能当别人游玩的附衬，这是李白的悲剧。杜甫说李白在长安时"天子呼来不上船，自称臣是酒中仙"，与其看成是李白高滔的生活情态，还不如说是李白对现实的一种无奈、规避和对抗。在这样的现实中李白是无立锥之地的。3年不到，唐玄宗就只能用"赐金放还"的名义辞退了这个理想主义泛滥者。

李白不愿循规蹈矩走应试科举的道路，他认为凭自己的冲天才气，可以像"大鹏"一样"扶摇直上九万里"，他想通过"遍干诸侯"的方式得到重任，实现抱负。于是他漫游梁宋、东去吴越，探幽燕、走江南，访尽天下名士达宦。他觉得"天生我材必有用，千金散尽还复来"，东游吴越时"不逾一年，散金三十余万"，然而等钱财散尽后，自己又过着被别人救济的生活。他这样自视甚高的人，为了获得登天之梯，又不惜写阿谀奉承之词。在那篇著名的《与韩荆州书》中，他一边说自己"日试万言，倚马可待"，一边赞美韩荆州"以周公之风，躬吐握之事，使海内豪俊，奔走而归之"，尽显媚颜之态。可惜的是，历史上并没有看到韩荆州对李白的毛遂自荐有任何反应。

即便如此，李白也从没有放弃自己的理想主义。正如尼采所说："理想主义者是不可救药的：如果他被扔出了他的天堂，他会再制造出一个理想的地狱。"在李白的心中存在一个乌托邦式的理想家园，他有着尼采自诩为太阳式的狂妄，可是当他这样肆无忌惮地无视现实的时候，也遭到了现实肆无忌惮的讽刺。公元756年，即安史之乱的第二年，一心想建功立业的李白成为永王李璘的幕僚。不料永王李璘与肃宗发生帝位之争，李璘最终败北，而李白也被当做叛军流放夜郎（今贵州境内），此时他已届暮年，流放途中写下"夜郎万里道，西上令人老"的诗句，忧伤之情溢于言表。然而，这位堂吉诃德式的英雄并未真正服老。流放遇赦后的公元761年，得知李光弼率兵讨贼后，他仍然豪情万丈，主动请缨上战场杀敌。这一年两鬓苍苍的他61岁。翌年，他便怀抱着自己的英雄梦在当涂离世……

读罢三卷本的《李太白全集》，眼前展现的是盛唐气象下一部富有悲剧色彩的生命史，让人掩卷难眠。太白诗文固然豪情高滔，但真正让人动容的是字里行间的英雄主义、理想主义，以及英雄末路、美人迟暮的悲剧感。"我本不弃世，世人自弃我"，这是多么让人不忍卒读的心碎！李白就是这样用一种怒放的哀伤成就了盛唐，而盛唐给李白生命的只是一种孤独与悲壮。

（作者部门：针灸骨伤学院）

坚定信仰是时代的呼唤

——《苦难辉煌》读后感

樊 念

《苦难辉煌》是金一南将军历时15年磨砺出来的一部反映中国共产党历史的鸿篇巨制。翻开第一页，我便爱不释手。在书中，一个个历史人物从他们那个时代栩栩如生地扑面而来，让人们真切地感受到历史的脉动。尤其可贵的是作者以不虚美、不隐恶的历史观进行写作，不但还原出历史真实的本来面目，而且还在分析性的描述中证明了偶然历史事件中孕育着规律性的结果，这在党史写作中并不多见，因此，《苦难辉煌》权威性和史料性的特色十分突出。重温中国共产党从诞生到夺取政权的艰难历程，对于加深人们对中国革命艰巨性、复杂性的认识，激励党员干部牢记革命先驱的不朽功绩和崇高精神，进一步弘扬党的优良传统，坚定正确的理想信念具有积极意义。

在中华民族的历史长河中，英雄辈出。5000年的文明史，有沉沦，亦有复兴。当历史的车轮推进到1920年代，积弱的中国周边列强林立。中华民族在这波诡云谲、险象环生的历史关口应该以怎样的姿态屹立？对此，当时的社会精英们有不同的回答。中国共产党从诞生之日起，一直命运多舛，一路荆棘。在我们党建立初期，无论当时共产国际最高领导斯大林还是共产国际到中国来的代表鲍罗廷、马林，都认为十月革命不能在中国复制，试图把共产党融入国民党来完成中国革命。诚然，他们看清了中国当时半封建、半殖民地的社会现状，在当时的历史环境下得出这样的结论并不奇怪，但历史的演进从来不会按照人们的一厢情愿来发展。偶然中蕴涵着必然，必然中蕴含着偶然，历史就是在必然和偶然的交替中按自己的轨迹发展着。孙中山提出了"联俄、联共、扶助工农"策略，国民党依靠俄国的支持获得政治优势，进而取得中国实际政治主导权。孙中山去世后，国民党突然由向左转变成向右转，向共产党人举起屠刀，并投入到美英的怀抱。蒋介石背弃孙中山策略，先整理党务，后发动"4·12"反革命政变，血腥屠杀共产党人。有谁能想到，经过鲜血洗礼的共产党人，能由弱到强，有小到大，直至领导中国革命取得成功。共产党人为什么会成功？从书中我们可以得出结论：因为中国共产党人拥有坚定的信仰。

什么是信仰？英国19世纪伟大的道德学家、著名的社会改革家塞缪尔·斯迈尔斯说："能够激发灵魂的高贵与伟大的，只有虔诚的信仰。在最危险的情形下，最虔诚的信仰支撑着我们；在最严重的困难面前，也是虔诚的信仰帮助我们获得胜利。"在白色恐怖笼罩下，无论是党的总书记如李大钊、瞿秋白，还是血洒刑场的普通党员，他们都能从容面对死的考验。党在成长过程中也有过各种路线的斗争，走的每一条道路都是那样蜿蜒曲折，但正是在一次又一次倒在血泊中的蜿蜒曲折，中国共产党成长起来并找准前进的方向。中央红军从湘江之战8万人锐减至3万人后开始长征，一系列的损失从未动摇他们的信念。他们在困难和艰辛中寻找正确的道路，他们深知：批判的武器不能代替武器的批判。有人说："中国工农红军进行的二万五千里长征开创了一个奇迹。"我们得出的结论是：只有中国共产党人领导的军队才能创造中华民族史和世界战争史上的一个奇迹。毛泽东曾经说："长征是历史记录上的第一次，长征是宣言书，长征是宣传队，长征是播种机……"长征的胜利表明，一个有信仰的政党已经走向成熟，不怕困难、不惧死亡，即使在最艰难的长征路上也决不放弃。共产党人就是这样一群人，他们怀着崇高的革命理想和坚定信念，甘愿吃苦，宁愿战死，也不愿掉队、离队，忠贞不渝地凝聚在党的旗帜下。经过长征洗礼的中国共产党人组成了以毛泽东为领袖的领导集体，他们是一群用生死考验和理想信念凝成的集体。在随后的西安事变、抗日战争、解放战争中纵横捭阖，游刃有余，直至最终取得革命胜利。

　　读完《苦难辉煌》，掩卷而思，心潮澎湃。在共产党的领导下，中国从一个半封建半殖民地的旧社会逐渐走向了独立自主、繁荣富强。30多年前，革命伟人们用对共产主义不变的信仰，使中国走上了一条特色社会主义的改革之路。近些年，国家经济在高速发展，一些党员干部陷入了信仰缺失的危机，在金钱、权力、美色等糖衣炮弹的诱惑下相继落马。当他们身陷囹圄之时，都会在忏悔书中表示，由于自己放松了学习和思想改造致使理想信念淡化，人生观、价值观产生偏差，最终走上犯罪道路。他们的忏悔从一个侧面反映出他们的变质是从信仰缺失开始的。

这次学校把《苦难辉煌》列为读书活动必读书目之一，是让全体党员加强信仰教育的重要举措。作者金一南自评《苦难辉煌》："我只是想让人们重新走进那段历史，真切目睹中国共产党人历经地狱之火、带领中华民族探测到的前所未有的历史深度和时代宽度，更深地感受中华民族百年复兴历史命运的根脉和起点，进而追寻信仰的力量。"诚如是，我们要珍惜历史，以史为鉴，从党史中汲取前行的智慧。否则，将重蹈"秦人不暇自哀，而后人哀之；后人哀之而不鉴之，亦使后人而复哀后人也。"的覆辙。

（作者部门：校工会）

《向解放军学习：最有效率组织的管理之道》读后感

吴志利

假期中阅读了学校工会推荐的图书《向解放军学习：最有效率组织的管理之道》。该书视角独特，剖析深入，独辟蹊径，将中国人民解放军的管理和优良作风与现代企业管理联系起来，提出了适合中国实际情况的管理新概念。中国人民解放军是中国乃至世界上最有效率的组织之一。军旗鲜红，军歌嘹亮，军纪严明，军人刚勇这些都是值得我们学习的。在解放军刚刚建军的时候，没有先进的武器，没有充足的物资，正如人们所说的"小米加步枪"。可是，他们为何会在这样的劣势下进行震惊世界的长征，又为何能凭借"汉阳造"打败日本人，又赶走了美式装备的反动派？解放军创立之初，只有几个人、一个信念、一面旗帜，但在85年的发展历程中，这个先后有数千万人参加的组织改变了中国社会，并影响了世界。解放军在革命战争年代及和平建设年代先进性的实践，对于今天所有类型的组织在完成使命、制度建设、人才培养、自主变革等方面，仍然具有重大的启示作用。其实，我认为原因很简单，他们从来没丢掉过自己的使命和愿景——为人民服务！使命、愿景、理想、梦想，往往反映了一个组织的责任感，"为人民服务"反映了解放军富国强民的责任感。就因为这种崇高的使命感和极强的责任感，让解放军在革命时期能想到有无数人民等待他们去解放，因此，他们完成了长征；因为这些，他们能在平型关大捷中与最凶残的敌人血搏，在沦陷区宁死不投降；因为这些，他们在和平时期能冲在抗震救灾的第一线！战争时期，解放军中涌现出了董存瑞、黄继光、张思德等英雄人物；和平时期，出现了雷锋等杰出人物。由此可见，"为人民服务"的崇高使命感和极强的责任感对解放军这个组织发展壮大是多么重要！在这个组织中，关心士兵生活，就是让组织的成员分享组织成长的果实；树立先进的榜样，就是形成有效的激励机制，让人人成为先进。通过有效沟通，来创造无限价值，善于总结，让组织天天进步。通过唱响军歌嘹亮，建立快乐型组织。《向解放军学习：最有效率组织的管理之道》这本书是我们的好朋友。我从中学到了许多宝贵经验和管理方法，但是如何结合我们的实际工作，将解放军好的工作方法，优良的工作作风运用到实际工作中去，切实提高我们的组织管理绩效，还需要我们全体后勤管理者去共同思考和努力。

（作者部门：后勤集团）

励志·教育

福泽谕吉教育思想带给我们的启示

——读《福泽谕吉自传》有感

万 可

一般国家的纸币上，都是印着开国之父或历史名君的头像。但日本却有些特别，在其最大面值的钞票——万元的票面上，印的头像却是穿和服的福泽谕吉（1834—1901年），一位有"日本的伏尔泰"之称的思想家、教育家，一位被认为是改造日本的启蒙大师。福泽谕吉生于日本一个下级武士家庭，他的父亲是一位汉学家，受父亲影响，从小就熟知孔孟等儒家名著和中国历史，青年时代在长崎学习荷兰文，在大阪师从著名兰学家绪方洪庵，并成为优秀的兰学学生（18-19世纪日本为了掌握西方科学技术，曾经努力学习荷兰语文，当时他们把西方科学技术统称为兰学，即日本锁国时代通过荷兰传入的西方科学文化知识叫做兰学。兰学是西方资产阶级的近代科学，它对日本生产力的发展和反封建思想的产生都起过重大作用）。在26—34岁的时候，3次出访欧洲和美国，并将所见所闻写成《西洋事情》、《西洋导游》和《西洋衣食住》等书。3本书出版后轰动一时，影响很大。

福泽谕吉目睹了欧美国家现代资本主义文明、富国强兵和工商繁荣，也反思包括中国在内的东方国家的衰败没落，遂萌生"脱亚入欧"的思想。福泽谕吉在其所著《文明论概略》中说："如果想使日本文明进步，就必须以欧洲文明为目标，确定它为一切议论的标准，以这个标准来衡量事物的利害得失"。他还在报纸上发表《脱亚论》文章，主张日本"所奉行的主义，惟在脱亚二字。我日本之国土虽居于亚细亚之东部，然其国民精神却已脱离亚细亚之固陋，而转向西洋文明。"他还呼吁说："我国不可狐疑，与其坐等邻邦之进，退而与之共同复兴东亚，不如脱离其行伍，而与西洋各文明国家共进退"。号称明治三杰之一的福泽谕吉为日本选择的振兴之路，就是摆脱以中国为中心的朝贡体系，进而使日本成为欧洲型的民族国家。可以说，正是由于福泽谕吉的思想引导，才造就日后国力无比强盛的日本。

福泽虽有"强国"的雄才大略，但他的做法却极为冷静，因为他看到了事物"背后的背后"的本质：军事强大的背后是国力，国力的背后是经济和科学技术，经济和科学技术的背后是国民素质，国民素质的背后是教育。他认为那些有助于人们正确处世立身并具有实际用途的学问可以使人富有；对国家来说，实施教育与文明开化政策是国家得以独立富强的前提和保障。因此，福泽力主普及学校教育，并最终实现教育立国。为此，福泽游历欧美后，带回了大量的欧美书籍，并着手翻译，向日本国民介绍西方的世界。后来，又开办了庆应义塾，一方面办学，一方面著书，几十年来一直坚持办学培养人才的宗旨。日本1868年实行"明治维新"后，福泽谕吉授课讲演，著书立说，教育国民，所著《劝学篇》享誉全国，他倡导的个人与民族"独立"的精神成为当时的时代潮流。《劝学说》旨在鼓励日本国民钻研学问，并且抨击那些只为学问而学问，为知识而知识的一种社会弊端。福泽谕吉这种高度重视教育的理念，为日后日本成功学习西方打下了良好的基础。

在福泽谕吉的教育思想中，教育不仅是民族独立国家富强的保证，更是形成民族国家意识并把这种意识上升到国家观念的重要途径。福泽谕吉认为，道德教育应该首先培养的是个人的国家观念与独立的意识。尽管他主张要"脱亚入欧"，主张向西方学习，但他却反对在西洋文明面前顶礼膜拜，而强调培养民族自尊心；主张"一切落后的国家和人民在西洋文明面前，无灰心绝望的理由。日本落后是现实的但却不是永久的，全体日本国民不应丧失信心"。对于西洋文明，福泽主张择其善者而从之，弃其坏者，决不能盲目从事。落后的国家在学习吸收外国先进文明时，力戒全盘效法，而应结合本国情况，取舍适宜。反观近现代的中国发展，并没有很好解决接受外来思想和保存现有传统等问题，不是一味排斥就是一味模仿。事实证明，向外学习能够改进一些现状，但是仍然不能彻底解决问题。所以在对待向外来学习的问题上，福泽谕吉的理念为我们做了良好的示范，一直到现在仍然对我国的教育发展有着重要的启示作用。

快速发展的现代中国，面临着许多外来思想的冲击，其中影响最深的是新的自由化生活方式和个性的展示。虽然在一定程度上有助于中国整体观念的更新，有助于与世界接轨，但对心智发育尚未成熟的青少年来说，他们缺少辨别是非美丑的能力，容易受到不良的诱惑。由于中国传统文化思想与外来文化思想差异较大，青少年容易迷失其中，并与父母产生冲突，导致家庭失和，甚至误入歧途。近几年青少年犯罪率大大超过从前，也为我们的教育敲醒了警钟。尽管我们国家在对待外来文化上秉持"吸取精华，弃其糟粕"的宗旨，但是并没有在教育层面上采取有效措施来解决这样的问题。在教育的过程中，应该教育青少年去学习外来文化的本质，而不仅是只做表面的模仿。只有从外来文化里学习到有用的、正面的知识，才能防止青少年受到不良的影响。这种教育应该从小学开始，针对不同年级由浅入深讲解外来文化的起源、发展过程以及演变的结果，指导他们正确地看对外来的文化思想。同时我们还可以向日本学习，在学校里开设一些传统文化课程，比如书法、写诗等，以此让青少年从小就有继承国家优良传统的意识，让优秀的传统文化能够不断传承下去。

（作者部门：临床医学院）

《细节决定成败》读后感

方　曼

"中国绝不缺少雄韬伟略的战略家。缺少的是精益求精的执行者；绝不缺少各类管理制度，缺少的是对规章条款不折不扣的执行。"这是我阅读汪先生的《细节决定成败》一书后感受最深的一句话。是的，"泰山不拒细壤，故能成其高；江海不择细流，故能就其深。所以，大礼不辞小让，细节决定成败。"再高的山都是由许许多多细土堆积而成，再深的河海也是由细流汇聚而成，再大的成就都必须由小事构成，先做好每一件小事，大事才能顺利完成。

细节不是细枝末节，而是一种认真的生活态度，是一种用心生活、用心工作的精神。只要用心，我们就会注重细节，看清细节背后事物的内在联系，意识到细节之中蕴藏的机会和价值。而"细节"却往往是一个十分容易被忽视的字眼，现今社会中，不断加快的生活节奏，与日俱增的生活压力，使得人们在不断地追求成功、追求幸福的时候，难以注意到细节的存在和它的重要性，忘记了"世上无难事，只怕有心人"、"不积跬步，无以至千里"等等这些人人皆知、字字警醒的真正含义。细节，是平凡的、是具体的、是零散的，譬如一句话、一个动作、一种表情、或者一次会面等等。细节很小，小到在生活中人们往往忘记了它的存在，小到我们忘记了它的重要性，其实细节的作用，是不可估量的。不管是在我们的日常生活中，还是在工作上，可能正是某个细节，会一直在我们的脑海中深深的留存，终生难忘；也可能正是某个细节，使我们收获到意想不到的成果，甚至成为我们改变命运的重要转折点。

细节，对于个人而言，体现着我们的素质和涵养；对集体而言，代表着团体的形象和荣誉；对于成就事业而言，它往往也是决定成败的关键所在！然而，要真正做到对每一件事都细致入微、考虑周全却并不是一件容易的事。正如书中所言，注重细节，其实是一种功夫，这种功夫非一日之功，也不是一劳永逸的，而是靠日积月累培养出来的习惯。没错，习惯成就性格，性格决定命运。"一个不经意的细节，往往能够反映出一个人深层次的修养。"时时注意细节，处处留心细节，事事关注细节，往往有利于我们培养谨小慎微的性格，有助于我们铸就沉稳平和的心态，日积月累长此以往，可增强我们的责任感。而这些，也恰恰正是我们在工作和生活中必不可少的基本素质。

小事成就大事，细节决定成败。联系到我们的教育工作，细节的宝贵价值更在于它具有创造性，是独一无二的，是无法重复的。教育无小事，事事都育人，教师每个细小的言行举止都是一种无声的教育，这远比豪言壮语和一味讲授空洞无边的大道理来得有效。教师的职责任重而道远，如果教师处理问题缺乏认真严谨地关注每个细节的态度，就有可能忽略一些智慧的火花或者放过一些微小的错误，长此以往，一个个牛顿可能就从我们眼前溜走，那些被我们忽略掉的错误可能就会成为影响学生一生的罪魁祸首。我想，这并不是危言耸听，"学为人师，行为世范"，为学生做一个良好的表率是教师的根本职责所在。学生的一句话，一个不经意的行为，都可能是他们内心世界的真实映照，我们应当做教育生活中的有心人，而不要成为那个扼杀智慧或培育罪恶的黑暗之手。教师是平凡的，也是伟大的。我们只有以用心负责的态度做好工作岗位上的每一件小事，以强烈的责任心对待每一个细节，才有可能在平凡的岗位上创造出最大的价值。

  细节往往因其"细"、因其"小"，常常使人感到繁琐、厌倦、不屑一顾。但细节固然细小，固然零碎，但有时往往正是这些细小、零碎的环节成为了事物发展的关键点和突破口，成为了关系成败的重要因素之一。智者善于以小见大，善于从平淡无奇的琐事中参悟深邃的哲理，正所谓细微之处见精神，小事不能小看，细节方显魅力。因此，我们每一个人，都应该以认真用心的态度去对待生活和工作中的每一件小事，不断地在细节中积累人生阅历和工作经验，厚积而薄发。若能真正做到如此，成功便在不远处了。

  "什么是不简单？把每一件简单的事做好就是不简单；什么是不平凡？把每一件平凡的事做好就是不平凡。"让我们以此共勉，在漫长的生活中去细细品味每一个小细节的魅力所在，不断地创造奇迹，成就美好！

（作者部门：体育部）

为人处世的三个秘诀

——《曾国藩传》读后感

尹少华

暑假闲来无事，在家读了《曾国藩传》，从中受到深刻启迪。

古人把"修身、齐家、治国、平天下"作为一个人成长的递进过程，可见修身在人的成长过程中，起着奠基和根本的作用，也是一个人走向成功的必修课。

秘诀之一是做人要"大柔非柔，至刚无刚"。

曾国藩，一个知人善用、广培党羽者；一个创立军队、运作官场的好手；一个读书人统率大军攻城掠地的典型。曾国藩是一个军事家、思想家、教育家、文学家、书法家。

曾国藩前半生一直被认为是个"书呆子"。似乎"两耳不闻窗外事，一心只读圣贤书"的人就一定是百无一用的"呆子"，但我认为，只有先做好"呆子"，以后才能做聪明人。这个道理在曾国藩身上很好地体现了出来。他之所以能够在官场上运筹帷幄，就是因为他能把"难得糊涂"的"呆子"哲学发挥得淋漓尽致,这就是我从曾国藩身上所了解到的"呆子"哲学。

曾国藩,这位中国文化的集大成者,按照中国士大夫的圣人标准,立德、立功、立言,他在每一个领域都达到了一般人难以企及的高度,被封为近代最后一个圣人。他身上有许多值得我们借鉴的品质。

秘诀之二是做事要"慎独"。

"慎独"用今天的话说就是在一个人独处时,能够真诚地面对自己的内心,去除内心的恶念,培养自己的善念,这样就能问心无愧,对得住天地良心,饭吃得香,觉睡得安稳,上可笑对苍天,下可孝对父母,中可和对同事。对工作、对朋友、对亲人只一个"诚"字,不欺暗室,不阳奉阴违,做到心口如一。

秘诀之三是为人要"主敬"。

"主敬"就是外表整齐严肃,内心纯净专一,接待贵宾和参加活动,都是"主敬"的具体表现,古人常讲君子应"讷于言而敏于行",与"主敬"异曲同工。人在危急时刻,唯有精神高度集中,才能化险为夷。"主敬"是指一种厚重、专注、严肃认真的精神状态。曾国藩经常要求他的儿子曾纪泽说话要慢,走路要慢,举止要庄重,要通过日常的行为习惯来培养"敬"的功夫。这就要求人要有静气,少说话,注意养气,注意控制自己的心情,气若不动则心不动。心要静,若不静,则省身也不密,见理则不明,都是浮躁的。人若心浮气躁,必然会影响其对事物的判断。所以一个人面对重大事情时要有静气,要从容不迫,这样才能处变不惊,才能对事情做出正确判断和决策,这也是普通人迈向成功的重要过程。虽然这与人的个性和成长环境有关,但仍然可以通过后天磨砺获得。如果平时经常注意养精蓄锐,面对意外情况时尽量让自己头脑冷静,做到谨言慎行,对事情不草率做出决定,而是深思熟虑。时机不成熟时要学会先把事情放一放,也许过一段时间事情会明朗一些,到时做决定会容易些。

曾国藩教育子女时身教重于言教,平时注意艰苦朴素。

曾国藩在京城时见到不少高官子弟胸无点墨,却奢侈腐化,挥霍无度,且目中无人。因此,他不让自己的孩子住在北京、长沙等繁华城市,要他们住在老家,并告诫他们:饭菜不能过分丰盛,衣服不能过分华丽,门外不准挂"相府"、"侯府"的匾,出门要轻车简从,考试前后不能拜访考官,不能给考官写信等等。他的子女因为父亲是曾国藩,反而更担心自己的言行不够检点、学识不够渊博而损害父亲的声誉。所以他的子女都很注意磨砺自己,迎难而上、奋发图强。曾国藩很重视自己的一言一行对孩子的影响,凡是要求孩子做到的,先要求自己做到。他生活俭朴,两袖清风。据说他在吃饭遇到饭里有谷时,从来不把带谷的饭一口吐在地上,而是用牙齿把谷子剥开,把谷里的米吃了,再把谷壳吐掉。他要求儿子纪泽、纪鸿也这样。他日理万机,但是一有时间,就给孩子们写信,为他们批改诗文,还常常与他们交流学习、修身养性的心得体会。

在教育孩子的过程中，曾国藩既是父亲又是朋友；既是经师又是人师，他为此赢得了孩子们的尊敬和爱戴，把他视为自己的人生偶像和坐标。

这些就是我读《曾国藩传》后得到的些许感悟，希望喜欢看书的朋友有时间也可以去借来一读！

（作者部门：人文学院）

读《史蒂夫·乔布斯传》有感

王 君

刚读《史蒂夫·乔布斯传》不久,我就被乔布斯鲜明的个性特质弄得很凌乱。他是那样一个不修边幅、留着不羁长发和浑身体味的毛头小伙子,热爱音乐,尤其是摇滚乐,流浪印度,甚至嗑迷幻药;他偏激固执,甚至一度长期只吃胡萝卜导致皮肤变黄;他个性强悍,甚至自以为是地认为自己无所不能;他蛮横无理,甚至多次嚎啕大哭非要别人屈服于他……就是这样一个看似不招人喜欢的人,却掀起了电子科技界的巨大革命,创造了被世人追捧热爱的高品质产品,成为了计算机行业的伟大奠基者和全民偶像。当然我们都喜欢他带来的iPod、iPhone和iPad,我们都会羡慕他的成功和财富,但我们更应该研究一下乔布斯走过的路,思索一下他获得成功的关键所在。

"如果你把每一天都当成生命的最后一天,那么有一天你会发现这是正确的。"乔布斯经历的坎坷,比你我只会多不会少,但与一般人不同的是,他毫不畏惧,在内心深处的理想引领下,坚持把每一天都当成生命的最后一天来战斗,以此苛求自己的付出,最终成就了非凡的苹果系列。这点很值得我们年轻人去思考。他的经历告诉我们：思想有多远，路才能走多远；勇于挑战，把不可能变成可能，才能走向成功。读完史蒂夫·乔布斯的生平，相信大家都会思考乔布斯伟大的原因。最为经典的一句评论苹果产品的评语是："人们一开始并不知道自己想要或需要它，最后却发现自己离不开它。"的确，Apple，从 PC 到 ipod，再到 iphone、ipad，史蒂夫·乔布斯始终致力于把复杂的事情变得简单，让产品简单而富有美感，一点点改变着人们的生活。乔布斯的身上有着别人无法模仿和超越的特质：他偏激固执，因而他从未改变过要将复杂的事物改造得简单和好用的初衷；他对科技有很强的直觉，他将冰冷的、机械的、没有表情的科技以能够洞悉和触动人心的一面展示在世人面前；他对产品和市场的直觉超乎想象，他能发现人们的潜在需要，ipod 的面市，改变了人们听音乐的形式，itunes 的出现改变了传统音乐产业的游戏规则；他致力于将便捷带给大家，对 iphone 设计的要求是即使 3 岁的孩童拿在手上也会立刻知道怎样使用，他就是这样执着专注于追求简洁与美观。他致力于每一次新产品的推广，每一次 iphone 的新产品发布会，他都会以标志性的黑色高领毛衣、牛仔裤和运动鞋亮相，将最直观的功能体验带给人们，而每一次的发布会，似乎都成为世界级的新闻。我们很难把一个对音乐痴迷的人与一个电子技术工作者联系起来，史蒂夫·乔布斯却能很好地找到二者的结合点，他的每一个产品都是艺术和技术相结合的产物。他经常说："光有科技是不够的。科技要和人文、艺术结婚，才能产生让我们的心为之歌唱的结果。"

我很佩服乔布斯有着坚定的信念,他想要改变世界,就真的做到了。他设计出色的产品以改变世界,永远追求并享受其中的快乐。他不惧怕失败,不断地尝试和努力,永远不放弃内心的追求,他身上有着永不服输的韧劲。1985年乔布斯因与管理层的分歧被迫离开自己亲手创办的苹果公司,那年他刚30岁。这种打击放在任何一个人身上几乎都是毁灭性的,但是,他没有就此沉沦下去,而是重新振作起来,创办了NEXT公司,随后又收购了皮克斯。虽然NEXT时浮时沉,没有多大起色,但皮克斯公司却开创了数字动画电影的辉煌。后来NEXT被苹果收购后,他又回到苹果,临危受命重新缔造了苹果复兴的神话。他热爱创新,更有着常人无法企及的激情和创造力,让他在一次又一次的失败打击下不断走向成功。乔布斯的一生带给世人的不仅仅是一些好产品,还有这些诱人的产品给人们带来的便捷生活,从某种意义上来讲改变了我们某些传统的生活方式。其毕生创造的苹果公司的形象和其独特的人格魅力,更是留下了让人们为之癫狂的理由。他是一个有极强信仰的人,这也许源于年轻时的印度流浪经历。他信仰宗教禅学,在面临死亡的时候他也可以很坦然地去面对。他愿意去相信人的死亡会以另一种形式留给世人有价值的东西。

史蒂夫·乔布斯,一个看上去攻无不克的人,他的身体状况却不尽如人意,罹患胰腺癌这一不幸在他的身上似乎成为了催促他前进的动力。当他被诊断为胰腺癌并被告知只有几周生命时，他却说没有什么比垂死更能让人集中精神。他深知自己的时间有限，因此他生命最后的几年成为了他创造最多经典产品和最巅峰的时期。即便在他生命的最后时刻，他也希望在健康状况允许的情况下继续积极工作。他说："我会参与新产品的开发和营销，以及我喜欢做的事情。"喜欢做、坚持着、不断突破和追求完美，也许这就是乔布斯简单而执着的原因吧。2005年他在斯坦福大学演讲时说："没有人愿意死。就算想上天堂的人也不希望通过死去那个地方。但是，死亡是我们共同的终点，没有人逃得过。你的时间是有限的，所以不要浪费在过别人的生活上。不要受困于教条，也就是按照别人思考的结果生活。不要让他人的意见淹没你内心的声音。最重要的是，有勇气遵从你的内心和直觉。他们不知道你真正想成为什么。其他的都是次要的。"他说的话更好地诠释了他的成功是因为有勇气去坚持内心的声音和直觉并为之不懈奋斗。

史蒂夫·乔布斯的身上同样拥有着极强的领导能力和影响力！与他共事的人无不被他的魅力所吸引，即便是他出了名的苛刻与难以相处，但他周围的人却认为他极具吸引力。他有着超凡的说服力和领导力，吸引和聚集大批优秀的人才，而他也坚持用一流的人才，一起为改变世界的理想而努力。在最初创办苹果公司时，有技术天才沃兹；在开发麦金塔计算机时，有全能的计算机科学家杰夫·拉斯金和电脑奇才伯勒尔；在吸引百事可乐的市场专家约翰·斯卡利出任苹果公司总裁时，他说的那句话"你想一辈子卖糖水，还是想改变世界",让人震撼也让人激情澎湃；离开苹果,创办NEXT公司时,有管理专家特里布尔和顶级电脑专家佩奇和克劳；在他的皮克斯电影公司,有动画天才约翰·拉塞特和埃德·卡特穆尔,正因为这些天才的存在才推出了《玩具总动员》、《虫虫特工队》、《怪物公司》、《海底总动员》等一系列经典的数字动画电影,成就了乔布斯在电影界的辉煌成就。乔布斯改变世界的坚定信念和勇往直前的决心以及成熟的个人魅力让无数优秀的人才聚集在他的周围,一起努力奋斗,最终成就了苹果和动画电影的传奇和辉煌成功。

看完这部书,让我觉得乔布斯是一个极不安于现状的人,有着鲜明的个性,独特的人格魅力,执着的理想并为之终生奋斗的追求,以及极强的信仰,追求完美的信念和倾尽一生的努力。在他终有所获之前,始终战斗着,不肯停下寻觅的脚步,因此他造就了苹果——一个改变世界的第三颗苹果！生命有时会给你迎头痛击,但绝不要失去信念,努力发掘自己潜在的创造力和勇于改变世界的勇气。生活永远会发生我们完全无法预料的事情,坚持把每一天都当成是自己生命的最后一天来战斗,那么每个人都将有所收获！

（作者部门：药学院）

执之教 重于心

——读《万千心理——教育心理学》有感

王佩珍

随着经济的发展，社会竞争日益激烈，对人才的要求越来越高，这就要求教育者在教育过程中充分关注"人"这个主体，而与"人"这个个体息息相关的教育心理学也开始越来越受到社会各界的重视。

最近读了美国著名教育心理学家伍尔福克(Arlita Woolfolk)的专著《万千心理——教育心理学》，作者认为教育心理学在发展初期偏重于学习心理的研究和学习规律的讨论，并且大多集中于智育方面的问题。教育对学生的全面发展日益重视，越来越重视道德行为、道德情感以及审美情感的培养。我对这种以人为本、注重全面发展的育人思想深有感触。这种思想实际上在我国古代就已经萌芽。孔子曰："志于道，据于德，依于仁，游于艺。"既重德行，又重技艺；既重陶冶情性，又重启迪智慧，这才是教育的本义。

伍尔福克在该书中研究教育实践领域中的各个心理学问题，诸如学生道德品质的形成、学习心理的规律、教育和教学过程中教师的心理特征、学生的个性心理特征以及教师的教育与教学措施、模式等问题。这些问题也是我们教育工作者必须面对和解决的问题。当今中国把发展教育置于十分重要的地位，无论是国力的强盛，还是科技的发展、人才的培养，都需要教育作为坚强后盾。对于如何使教育学习达到预期的效果，我赞同伍尔福克的观点，即必须在教育过程中讲究方式方法，关注学生学习接受的情况，注重学生心灵的启发。孔子曰："不愤不启，不悱不发。举一隅不以三隅反，则不复也"，讲的就是在教学过程中要注重学生内在心灵的启发与唤醒，让学生在学习过程中心有所动，这样教师的引导才具有更大的效力，因而，我认为教育心理学处于不可或缺的重要地位。世界上的许多国家，如美国、日本、新加坡等发达国家也都十分重视教育心理学在教育实践工作中的研究与应用，而该书无疑对我国教育工作者有着很好的启发、借鉴作用。

伍尔福克在书中除了介绍心理学发展理论外，还就教师、学生、教学之间的关系进行了分析梳理，列举了发人深省的案例，这些对于我们从事教育教学工作的人来说，具有很强的实践指导作用。一般的人会认为，教育心理学主要是讲解与教育有关的心理活动过程，如认知、学习、记忆、学习策略等理论，但实际上忽略了教师本身在教学过程中的心理要求。读了该书之后，了解到教育对教师的心理要求和教学的技能要求都是很高的。伍尔福克认为教师除了要有自身基本的心理素质，如对教育工作和学生的热爱、道德感、责任感、广泛的兴趣和坚强的意志品质之外，还必须有较高的职业素质，比如自己的职业兴趣，与学生融洽的相处，还有与教育相关的智力、记忆力、想象力等，以及在教学过程中的威信，能够控制好学生与课堂，使自己的教学工作能富有成效。我作为一名有着近30年从教经历的教育工作者，多年积累的教学经验，都能帮助我对教学工作更加自信和游刃有余，而潜心阅读该书后，更觉茅塞顿开，启发、收获良多。对于我校乃至我国来说，高等教育要从以往注重规模数量向注重内涵质量转变，要把培养高素质、高品德教育工作者的任务提上日程，尤其是在目前高水平的师资力量不强的情况下，更要把好教师的质量关。只有教师具备良好的综合素质，并且掌握正确的教学方法和了解学生的学习心理，才能培养出优秀的学生。

伍尔福克在该书中的教育理念，除了可以指导学生和教师正确有效地开展学习之外，还对我国高校开展学生心理健康教育工作具有指导意义。受伍尔福克的启发，我认为随着经济的快速发展，社会的竞争越来越激烈，作为现代社会的组成部分，在高校学习和生活的大学生，不断地受到来自于社会的心理冲击。对于在校大学生来说，大学阶段是他们的生理和心理迅速成长和发展的阶段——伴随着个体心理迅速走向成熟而又尚未完全成熟的一个过渡阶段。由于生活环境、学习特点、人际关系等因素的改变，许多学生表现出不适应，甚至出现心理障碍等问题，严重影响生活和学习。从清华大学学生刘海洋"伤熊事件"、天津的大学生马晓明因成绩太差被学校劝退、自感无法交代而杀死父亲和奶奶的恶性刑事案件、到云南大学"马加爵事件"等等，都为目前大学生心理问题敲响警钟。因此，我们也可以运用伍尔福克在该书中对心理健康评估的方法来测量学生的心理状况，做到及时有效地发现问题，并依据心理辅导的方法对患疾的学生进行及时的控制和治疗，保证学生的心理健康和安全。

教育心理学的学习，不仅有利于学生进行有效能的学习，有利于教师自身的发展和有效教学的开展，更有利于我国的可持续发展。我国要走可持续发展的道路，就必须重视人才这个最为宝贵的资源，但是人才的培养不是一蹴而蹴的，而是需要科学的教育方法，其中，教育心理学扮演着不可替代的角色。因此，教育心理学的学习不仅在理论上具有指导意义，而且在我国的教育实践工作中、在我们教育工作者的教育实战中具有不可或缺的重要作用。

（作者部门：临床医学院）

爸爸妈妈能成为琢玉高手吗

龙 菡

《好妈妈胜过好老师》，相信很多家长都听说过或者读过，这是一本很畅销的家教读本。这本书的作者尹建莉在前言中写道："一位农夫得到一块玉，想把它雕成一件精美的作品，可他手中的工具是锄头。很快，这块玉变成了更小的玉，而它的形状始终像石头，并且越来越失去价值。"很多父母，特别是受过高等教育的父母都认为自己是琢玉高手，能教育好自己手上的玉——可爱的孩子，殊不知父母们手上拿的是锄头——家庭教育，错误就在无意间产生，使得结果和愿望背道而驰。我的女儿多多出生没多久，我就在网上购买了这本书，当时一口气读完觉得很有收获，对其中提到的一些教育理念也非常认同。读完后，这本书就被我放到了书架上，之后孩子慢慢长大，时间都被孩子、工作、家庭琐事填满，这本书慢慢被淡忘了。

直到今年暑假，父母回老家，我和老公才真正的自己带小孩，而我也开始了暑假全职妈妈的体验。经过几天的磨合，一切看起来都比较顺利，全家的生活渐渐走上正轨，直到多多生病。夏天天气炎热，孩子很容易感冒发烧，生病后食欲下降。作为妈妈，我很想让多多多吃点有营养的饭菜以利于康复，可是孩子那段时间不愿多吃饭菜。我们家一直很关注多多的吃饭问题，经常争论，孩子的外婆总是想尽办法让小家伙多吃，比如边吃边玩，威逼利诱等，有时会违背一些我们之前商量好的教育规则。孩子的爸爸和我主张让孩子养成吃饭的好习惯，特别是孩子的爸爸一直坚持让孩子自己学习吃饭，吃饭不谈条件。两代人经常因为多多的吃饭问题闹得心里不愉快。现在这个问题又来了，好在父母已经回老家，所以这回我们只需要夫妻双方统一意见就行了。

孩子生病是一件很磨人的事情，我开始有点焦虑，给孩子喂饭的时候很容易烦躁，难以控制自己的脾气。这样过了几天，看着孩子日渐消瘦，我心如急焚，越来越焦虑。之前因为多多的吃饭问题我们曾带他去检查过微量元素，看过西医中医，都成效不大。万般无奈之际，我突然想起了《好妈妈胜过好老师》这本书里曾经有一个章节讲到孩子的吃饭问题。打开书，我又仔仔细细地把前后几个章节看了一遍，里面讲到一个非常重要的观点：顺其自然，尊重孩子。这句话说出来容易，受过高等教育的父母也会理所当然地认为自己在这一点上做得很好。可是当我审视自己在多多吃饭问题上的做法，我明白，我没有做到。两岁半以后的多多有一个很明显的变化：她有了很强的自我意识。多多不像小时候那么"任人摆布"，如果强迫她做不愿意的事情，她会激烈的反抗。从这半年开始，给多多喂饭成了我生活中最有压力的一件事。我明白，我们必须做出改变，如果不改变，多多的成长包括我们的生活都会受到影响。

改变是痛苦的,我和老公商量好,管住自己的嘴,管住自己的情绪。第一天,多多发现吃饭的时候妈妈不喂她了,可以自己吃,妈妈不再要求她一口饭一口菜,或者先吃这个再吃那个了,小家伙很淡定,胡乱地扒拉了两口就吵着要下来玩。我眉头一皱,想要干涉,老公使了个眼色,淡定,淡定,我忍住了。第二天,又是这样,看着孩子蜡黄的小脸,我心里难受极了,自己一个人在书房急得直掉眼泪,老公一直给我打气,一定要坚持住。第三天,让我惊奇的是,多多有一点变化了,她把自己喜欢吃的菜放在前面吃,不太喜欢的菜后面也能吃两口,饭比昨天吃得多了一些。第四天,她开始要我们给她夹菜,要吃这个,要吃那个。这样过了一个星期,多多基本上能自己吃完一碗饭菜了,虽然吃得不那么多,但已经有很大的进步了,重要的是,我们心里把多多吃饭这件事放下了。

之前孩子不好好吃饭的主要原因就是我太在意吃饭这个问题,太强求。殊不知,孩子渐渐长大,开始有自己的想法。大人有时不也是这样吗?碰到自己爱吃的菜会多吃两口,不爱吃的也会少吃两口,成年人不想吃饭,没人强迫,但是到了自己孩子这里,我们家长就把尊重孩子这件事抛到了脑后,孩子不吃下规定的饭菜数量就大动干戈。

妈妈是孩子人生中第一个启蒙老师,教育孩子的过程也是和孩子共同成长的过程,学会尊重、理解孩子很重要。就像《好妈妈胜过好老师》里面讲到的:吃是人的一种天性,它怎么可能需要费那么大的力气去让孩子张嘴呢？作为一名老师，教育学生和教育自己的孩子都要遵循同样的道理：尊重孩子和学生的天性、个性，适当地加以引导，不要过多地干涉，让他们自由、健康地学习、成长。

  一本好书值得我们仔细体会、反复思考。父母作为和孩子接触时间最早、最长的关键人物，在日常生活中，在每一件小事上如何引导孩子，如何处理和孩子间的关系，每一个细节都蕴含着某种教育机缘。对细节的处理水平，区分出了家长手中握着的是锄头还是刻刀——它使孩子的世界和未来全然不同。

（作者部门：外语系）

读《挫折教育》有感

刘 虹

前几天,在工会读书室有幸读到一本书《挫折教育》,里面的情节、道理、思考使人感叹。挫折教育是指让受教育者在受教育的过程中遭受挫折,从而激发受教育者的潜能,以达到使受教育者切实掌握知识的目的。经历一定的挫折,对大学生来说是一个非常重要的磨练过程,锻炼了他们克服困难的能力,对他们形成坚强意志是有益的。

那么如何培养耐挫折能力呢?首先要让大学生认识到挫折是在所难免的,要懂得社会生活是极其复杂充满矛盾的,不可能事事十全十美,遭遇挫折在所难免。所谓"万事如意"、"心想事成"等只是人们的一种美好愿望。事实上,人们在现实生活中,总会有某些方面的目标不能实现,总会有天灾人祸发生。因此,遭遇这样那样的挫折,只是挫折的轻重程度不同,产生的影响不同而已。作为护理教育者,我在忙碌工作的闲暇之余,放下案头厚厚的文件和教科书,抬头仰望蔚蓝的天空划过的飞机云,举笔于耳旁来思量,思考一下人生,思考一下护理教育,如何去教好一个学生学习好科学文化知识,特别是如何提高心理素质和社会知识。

再高的山峰也有峰顶,再深的山谷也有谷底。学生的一生注定既有高潮也有低潮,既有峰顶也有低谷,不可能永远春风得意、一帆风顺,也不可能永远背时背运、道尽途穷。所有的困难都有尽头,如果学生拼力攀登,就可以更快地到达顶峰;如果学生主动奋斗,就可以更快地突破逆境。纵观历史的进程,带给我们启示:整个人类的历史,其实就是高潮与低潮的交替,一个朝代由兴盛走向衰败,改朝换代后,必然又是一个文治武功的太平盛世。历史就是在低潮与高潮、兴盛与衰败的交替中向前发展,绝望的黑夜后面总是灿烂的黎明。历史如此,人生亦然。在荷兰阿姆斯特丹一座15世纪的教堂遗迹中留有一段题词警策人心:"事必如此,别无选择。"在学生的一生中,势必会有太多的不如意,会有太多的挫折,这是无法回避的现实,挫折是人生必经的一道坎。我们没有选择,只能接受不可避免的事实并自我调整,消极逃避可能毁了学生的生活,也许会使学生的精神崩溃。"事必如此,别无选择",即使贵为一国之君也不得不常常这样提醒自己。英王乔治五世在白金汉宫的图书馆就写着这样一句话:"请教导我不要凭空妄想,或作无谓的哀叹。"哲学家叔本华也曾表达过同样的看法:"逆来顺受是人生的必修课。"诗人惠特曼的话同样说明了这种人生必不可少的态度:"让我们学着像树木一样顺其自然,面对黑夜、风暴、饥饿、意外与挫折。"既然挫折是人生必经的一道坎,那么我们就必须教学生学会接受挫折。

从古至今,面对挫折,守候阳光,对于我们民族,对于我们个人都不乏范例。古有勾践卧薪尝胆,做人马夫,等待时机光复国家；司马迁身受腐刑，不甘沉沦，写就历史著作《史记》。今有跳马女皇桑兰力战病魔，刻苦自学，成就自己的一番事业；海伦·凯勒寻求光明的励志人生，直面挫折，成为美国十大英雄偶像。读《挫折教育》给了我很多的启示，也让我有了很多的思考。

作为一个护理教育者，我常常在思考，如何对我的学生进行挫折教育，如何培养未来坚强的白衣天使。

一、激发学生的潜能

要确立科学的世界观和人生价值观，志当存高远，可以激发大学生为真理而奋斗的热情。目标越远大越有利于调动心理潜能，使人观察敏锐、记忆持久、思维深刻、想象丰富、勤奋耕耘、锲而不舍。挫折教育能够激发学生的潜能，只要逐步引导他们对生活有较高层次的见解，明确人生的意义和价值，培养适应和改变恶劣环境的能力，既能忍受磨难，又有坚韧不拔、积极向上的良好意志和品格。

二、培养学生挑战困难的信心

要教育学生理想的实现不是一朝一夕的事情，它要靠长期的努力与奋斗。即树立明确的近期目标，在实践活动中去克服困难，经过自己的努力去实现自己的既定目标。毛泽东曾鼓励人们：胜利的实现，往往在于再坚持一下的努力之中。人的意志正是在与困难的斗争中体现出来的，也是随着困难而增强的，当你意志坚强，迎难而上，成功必将属于你。

三、使学生养成务实的作风

千里之行始于足下,教育学生从小事做起。日常小事是锻炼意志的基本途径。像坚持原则、抵抗诱惑、克服胆怯等皆是在平日的学习、实践和生活中逐步培养出来的。学生的主要任务是学习,然而学习是一项长期的艰苦的脑力劳动,要完成好学习任务,就必须随时同出现的困难做斗争。学习的每一步成功皆与意志相伴,这些日常行为在不断地磨练着意志,塑造着人的品格。在小事中磨炼自己才可能在重大事情上表现出坚强的意志。如每天读1个小时的英语,反复进行护理技术训练等,就是一种对自己意志的磨炼。

四、使学生更好地走出困境

当困难过于强大使人遭遇挫折时,要善于及时调整自己,走出困境。如升华法:遇挫后转移情感和精力,使其升华到比较崇高的境界,进行一些积极有益的社会活动;补偿法:受挫后转换途径以达到目标,或用新的目标代替原目标;减少情感投入法:看淡挫折,把受挫看成人生的必修课。使大学生明白困难和挫折对于每个人来说都是难免的,但困难不会是永恒的。对挫折的恐惧、退缩、沮丧只会使自己的心理背上沉重的包袱,不利于身心健康成长。

五、用榜样激励自己

榜样的力量是无穷的。经常以伟大人物、英雄模范人物为榜样来激励督促自己，把他们作为自己学习和效仿的楷模，对培养自己的意志品质能起到极佳的效果。如举办先进事迹报告会、学习先进人物传记等。还可搜集警句格言，如"宝剑锋从磨砺出，梅花香自苦寒来"等来激励自己，勇敢地迎接困难、克服困难。

六、培养自省的习惯

有些学生由于年龄、经历、学识等因素，往往会产生一些不应当有的错误，如粗心大意、骄傲自满等，要培养学生自我检查、自我批评的习惯。"人贵有自知之明"，经常的"自省"，检查、查找自己的不足，并克服之，有利于培养自己勤奋进取、严谨负责、积极自信、坚韧自制的良好意志品质。

护理学院是一个特殊的学院，是一个女生多男生少的学院，课堂上举目望去满眼几乎都是女生，只能在教室的角落依稀看到男生的身影；操场上呐喊助威的啦啦队永远是女生的声音，极少听到浑厚的男生声音。努力学习知识，踊跃参加活动，积极增长见闻，无不体现护理学院学生的坚强与勇敢。女生要坚强，要有面对挫折的能力，她们要独挡一面，承担起班上的大小事务。她们是在一个以女人为主体的岗位工作，她们要承担大量繁杂又琐碎的工作，但又要做到细心耐心；要面对受疾病煎熬的病人，更要应付焦急万分的家属。一头是病人，一头是家属，要照顾好病人，更要照料好家属。做一个护士，不仅需要丰富的专业知识、充沛的体力、高度的责任心,更需要足够高的心理素质去面对来自工作、家庭和社会的压力和挫折。

女生要坚强,男生更需要坚强。作为一个护理专业的男生,他们既需要面对来自社会世俗的目光,又要面对来自就业时的压力。特别是在去医院实习和找工作的时候,或多或少地都会遭到来自病人和医生鄙夷和不理解的目光。

措施如下:

首先,我们要教育学生正确认识一切。正确、全面地认识自己,认识自己的专业,认识自己即将从事的护理事业。在大一新生入学之初,可以请职业规划老师为新生进行职业讲座,举行新老生学习心得交流会,帮助大一新生认识自己的专业,对自己的大学生活有全新的规划,使大学生活不迷茫。

其次,在大二大三学生中开展模拟面试的活动,帮助学生提前感受职场的竞争。邀请护理专家进行专题讲座,帮助学生进一步认识自己的专业。强调学习的重要性,学好理论知识,练好操作技能,为以后就业准备好各种条件。

再次,对于即将进入临床实习的大四学生和毕业生,举行实习、考研交流大会,为他们实习、就业、升学提供交流和学习的平台。及时、准确地为他们提供招聘信息,减少他们实习、就业的压力。

最后,在整个大学过程中,对于学生的挫折教育都不能中断,每学期举行各种类型院级、班级活动,让学生在活动中接受历练，锻炼他们的能力。组织学生参加各种校级、省级甚至是国家级的活动和比赛，提高他们对抗挫折的能力。定期进行心理讲座，与学生谈心，了解他们的心理困惑，及时进行疏导。

没有一马平川的道路，没有一帆风顺的人生。教育挫折，挫折教育。作为一个护理教育工作者，我期待自己能培育出更多更好的坚强的白衣天使。在人生的道路上，我们或多或少都会遭遇困难、挫折，只要我们端正心态，直面人生，我们就会迎接风雨之后的彩虹，找到属于自己的一米阳光。

（作者部门：护理学院）

困境在眼前　希望在前方

——读《风之王》有感

刘雁云

一匹出生在摩洛哥皇家马厩里的纯种阿拉伯小马，一生下来就命运多舛。它身上的命运符纹，分别代表着吉兆与凶兆——胸部的麦穗纹，表明它的一生会很不幸；右后腿上的白色斑点，证明它长大后将是一匹快如疾风的骐骥。

宿命果真阴险神奇。不几天，小马的妈妈就死了。奄奄一息、没有奶水和吃食的马儿，险些夭折。多亏哑巴马童阿格巴对它格外关爱，淘换来骆驼奶和蜂蜜将它喂养，它终于出落成一匹模样中看、合乎"出国标准"的马，有幸被国王选中，跟其他5匹阿拉伯纯种马一起运送给法国国王……

这是一个身怀绝技者怀才不遇与忍辱负重的故事；这也是一个卧薪尝胆，用"血液来证明自己血统的故事"。这故事的主角不是人，而是一匹马，一匹有着高贵血统的葛多芬阿拉伯马。自从它的血统证明书被弄丢了以后，它就必须在漫长的生存之旅中，以自己高贵不屈的血液重写一张新的血统证明书。

能否证明自己和如何证明自己——无论是马还是人，生存在世，都会遇到如此难题。打一出生，主人公"闪"就缺爹少妈，胸刻凶符。长途的海上颠簸、忍饥挨饿，"闪"到达法国时已经骨瘦如柴，它只能被派到厨房拉车买菜，尔后又被厨房总管倒卖给一个马贩子拉车驾辕，接着又被辗转卖给红狮客栈老板。干粗活、驮劈柴、挨打受骂、遭人白眼，本是摩洛哥皇家马厩骄傲的"闪"，就这样沦为卑微的工作马。

最糟糕的是，它随身带来的血统证明书，被那个不识阿拉伯文的监狱看守长给撕掉了，"闪"从此便在世间丢失了身份。在一眼望不到头的霉运里，"闪"不知该如何找到证明自己的机会……

一匹骏马沦为拉车驽马，在无数次的凌辱与欺侮中，每一次的鞭笞、饥饿、负重，都有可能要了它的小命，它也完全可以索性倒地不起，两眼一闭，两腿一蹬，顺势咽下那口气就完了，省得活着再伤心伤情。然而它每一次都是坚强地爬起来，两眼饱含泪水，屈辱却勇敢地站立，直视远方，像是期望某种冥冥旨意的下达，更是为了有朝一日能得到自我的明证！只要还活着，就会找到证明自己的机会。这是宗教，也是信念……一匹马，也会有它自己的信仰！

苦厄不会没有完结。小马被英国的葛多芬伯爵收留，在遇上英国纯种骏马"罗珊娜小姐"之后，命运之星奇迹般地转向了！命运的翻身，得益于偶然的机会，在通过一场决斗获得的爱情中，小马勇敢地打败了与英国纯种骏马"罗珊娜小姐"相亲的大马"恶魔"，孕育了优秀的子嗣——儿子"板子"。

"板子"在一次比赛中奔跑迅疾如风,获胜后,"闪"那高贵的血统得到证明。伯爵意识到被驱走的"闪"竟是一匹纯种的阿拉伯赛马,于是派人来寻找他们,他们主仆从流放地被召回。从此,"闪"便踏上新的旅程。在它以后的岁月里,"闪"的儿子"板子"一次又一次在赛马中获胜,最终还赢得赛马的最高奖——女王奖杯。"风之王"的美名属于"闪",也属于它的整个家族。

证明自己,无论以什么样的方式,即使是命运不公,也要抗争!逆境之中,更是没有自暴自弃的理由。执着的信念,将使我们在曲折黑暗的人生道路上获得光明和胜利!

许多年轻人的人生目标远大宏伟,然而在现实中往往茫然与浮躁。其实没有钱,没有经验,没有阅历,没有社会关系,这些都不可怕。没有钱,可以通过辛勤的劳动去获取;没有经验,可以通过实践操作去总结;没有阅历,可以一步一步去积累;没有社会关系,可以一点一点去编织。但是一个年轻人不可以没有梦想,没有思考,没有信念与执着!

信念是情感的倾向性和意志的坚定性,执着则是坚持信念的热情。具有强盛生命力的信念与执着相得益彰,互为表现。执着是信念的执著,信念是执着的过程!人生只有拥有信念与执着才会完美!

信念可以让一个人在绝望时获得生命的力量!信念是黑暗中的一把火,点亮内心的黑暗;信念是冬天里的一堆炭,让人温暖无比;信念是困境里的出路,让人突破困难;信念……可以让一个人无依无靠的时候坚持内心的那个梦想！梅花傲雪，独立寒枝，是相信自己能够等来春天。花未入梦，潇潇细雨，是相信自己能够看到彩虹。江水聚纳，云蒸霞蔚，是相信自己能够汇入大海。

人生路上，可能会一路走过，寂寂无闻，甚至生活中充满了坎坷与困境，我们常常会很痛苦，此时重要的是摆正自己的心态。一个人在年轻时经历磨难，应当正确视之，把它看作历练自己的机会，而不是生活给了你永恒的绝望与不公。每个人在成长的过程中总是从平坦中获得的教益少，从磨难中获得的教益多；从平坦中获得的教益浅，从磨难中获得的教益深。善待自己，默默努力，失意时也得有美好的憧憬，尽心做好自己的本职工作，也许有一天，会有一个不错的机会突然降临到自己的身上。

为了自己心中的理想与信念，要时刻相信人生没有绝路，困境在眼前，希望就在前方！

（作者部门：基础医学院）

"力量"就是爱

——读《力量》有感

孙艳平

朗达·拜恩的《力量》，称得上是一本汲取宇宙中最强大力量的指南，它能为你指出通往精彩人生路的方向，让你能拥有一切美好事物的"力量"，告诉你"力量"就在你的体内，你想要创造出的任何事物、你想改变的任何事情，全都来源于一样东西，那就是"力量"。作为一名大学工作者，我工作的对象是辅导员和大学生，写这篇读后感就是想跟大家一同分享一下我的学习收获。

"力量"是什么？"力量"就是爱！没有"力量"，你不会诞生；没有"力量"，地球上就不会有人类的存在；每一项新发现、新发明和人类的创造物，全都来自"力量"；我们的健康、良好的人际关系、你热爱的职业、你想做的事、以及你拥有的美好愿望，这一切都源自"力量"。"力量"有化平凡为神奇的魔力，它揭示的不仅是人体的秘密，它还破解了一个谜底：爱的力量就是我们人类世界存在的唯一。

《力量》一书告诉我们，吸引力法则就是爱的法则，它是保持世间一切和谐的万能定律。它存在于宇宙万物中，并通过每一件事进行运作；简单来说就是，你给予出去的，就是你会得到的。世界著名的物理学家牛顿说："每个作用力都有一个大小相等、方向相反的反作用力。"所以在我们每个人的生命中，无论你给出什么，都一定会回到你的身上。让我们每时每刻都去爱吧，爱你的孩子、爱你的家、爱我们的每一个学生、爱我们的学校、爱我们所做的一切事吧！总有一天你会发现你所希望的一切全都会实现……

"爱的吸引力法则"帮我们打开了一个全新的视角，让我们用更积极的眼光、更乐观的生活态度审视我们周围的世界。曾经看到过这样一个故事：孔子最喜欢的一个学生叫颜回，家里很穷，缺衣少食，住得也很差。面对这样艰苦的生活，颜回却能自得其乐。究其原因是他的生活态度，一种积极乐观的生活态度，使他不被物质生活所累，始终保持一份恬淡和安宁的心境。现今，我们的物质生活和颜回那时候比起来，不知道要好了多少，但是为什么很多人却越来越不满足，越来越感觉不到幸福？因为他们看到周围还有暴富阶层，还有很多不公平的事，还有许多让他们心理不能平衡的事。

每个人的一生难免有缺憾和不如意，我们可能无力改变这些事，但我们可以改变的是看待这些事的态度。一种遗憾，可以被放得很大很大，那么放大的后果是什么呢？印度诗哲泰戈尔说："如果你因为错过太阳而哭泣，那么你也将错过星星了。"当一个不幸降临了，最好的办法是让它尽快过去，这样你才能腾出更多的时间去做更有价值的事情，你才能活得有质量、有效率，更有生活的勇气。海伦·凯勒坦然接受了自己失明的现实；霍金坦然接受了自己瘫痪的现实。在接受现实后，他们依然不放弃，成就了与众不同的精彩人生。让我们每一天都只谈论发生在我们周围的好事，只谈论我们喜爱的一切事物吧！当你感觉很好的时候，你的磁场力量就会创造出一面盾牌，没有任何负面能量能够穿透它。看了《力量》这本书，别再说自己不行，试一试，你一定会发现自己真的没有什么是不行的。

《力量》用一种朴素、平和的方式来激发我们人类的本能，用一种最温暖的方式来唤醒世人，不为别的，只是因为爱。爱让我们健康，爱让我们有良好的人际关系，爱能让我们的人生充盈……看一看我们身边，爱带给我们的是欣喜、是成功、是母亲慈祥的微笑，而责备、批评、找碴和抱怨，带给我们的只有恼怒、哭泣和各种纷争。

爱的力量无处不在，爱是留心，爱是专注，爱是感恩，爱是助人为乐、与人为善，爱是梦想的力量。每一个人的生命之路都是不同的，创造出来的成就也各不相同，但是生命前行的力量是可以相同的，这些力量就像我们生命里的发动机，带我们飞向梦想的天空。生命中除了爱之外，没有其他力量。你在这世界上看见的所有负面事物，都只是缺乏爱的表现，只有当你去爱的时候，你才会运用宇宙最伟大的力量。要创造任何事物、改变任何事物，你需要的只有它，那就是"力量"！

（作者部门：职业技术学院）

《我的教师生涯》读后感

吴芮凌

从事教育事业十几个年头了,而今在这美丽的黄家湖畔,感受着"她"的润泽和气息,一切都让人倍加珍惜和激动。在这美丽的散发着中医文化特色校园里,同事们渊博的知识、精湛的技艺和高尚的人格魅力时时刻刻都在影响着我。

师者,传道、授业、解惑也。教育是一个永恒的话题。前段时间,学校组织教师暑期看一本好书活动。一个偶然的机会,接触到《我的教师生涯》这本书,书中讲述了1960年代到1990年代一名乡村教师,跨越40多年的辛酸和坎坷,一直对教育事业心怀爱恋和执着的故事。1960年代,由于历史原因,主人公来到了一所名叫月亮湾的乡村小学教书,开始了他坎坷的教师生涯。

生活中令人感动的东西数不胜数,但本书很多内容却令我感动得难以忘怀。在主人公看来,在那片黑土地上,存在着最真实的情感,生长着最纯朴的善良。书中的主人公从20岁到60岁,走过了大跃进、文革、步入新世纪。在这段历史时期,经历了刻骨铭心的初恋、而后结婚、生子,直到变成一位白发苍苍的老者……在同一个地方,看着不同的学生长大、离开。然而他始终一个人站在那里坚守，守护着他永恒的教师生涯。主人公的一生似乎只做一件事情，就是教书育人。什么是永恒的信念？这是个很有哲学意味的追问，就某种意义而言，对于一个教师，不受社会形态的干扰和世俗的影响，秉持着优良的师德，坚守着永恒的信念，恰恰是最珍贵的品质。

当我看到书中描写的农村教学条件时，心潮激荡、思绪万千。我不知道哪种更接近现实生活的本来面目？那里的教学条件跟我们现在的教学环境相比让人感到难以理解、不可思议。但是书中的主人公为教育事业，历经坎坷却依然执着的精神，是一种境界，是一种让信念如风般穿透一切人生阻隔的境界。我一直忘不掉书中一个个感人的场面：学生们无钱购买演出服，主人公带领孩子们自力更生，编竹筐卖钱买演出服，终于使演出成功举行；在市场经济大潮的冲击下，学生们辍学打工，他四处寻找，甚至把孩子们领到自己家里住，帮助他们完成学业。主人公对教育事业的热爱，对孩子的挚爱，也恰恰体现了作为一名教师的伟大人格。同时也让我真切地体会了西方的一句俗语："因为上帝无法照料每一个学生，所以才创造了教师。"

看完这本书，我的心情久久不能平静，内心深处有一种被触动的感觉。大学是传播知识、培育人才，创造知识、推动文明、服务社会、加速进步的摇篮。我们作为高校思想教育工作者，更应该把握航线、脚踏实地、循序渐进地为学校、为社会、为国家培养出具有良好思想政治素质、职业道德水平的复合型人才。在这个世界，有许多平庸和杰出的人，他们的不同之处就在于能否坚持。坚持下去就是胜利，半途而废则前功尽弃。美国诗人朗费罗说过："人生是实在的，而不是虚无，不要只顾着贪玩，别一味哀怨伤悲，人生的道路应有目标，去实干吧！"是的，成功的道路是目标铺成的，你必须一步步地实现目标，用更多的星星点缀你的人生，有了明确的目标，还要具备始终如一的执着精神以助成功。

教师的美誉说不完，教师的苦楚也道不尽。在实际的教育工作中，许许多多老师体验到了生活的酸甜苦辣，体验到工作的艰辛和压力，但他们没有感叹命运，没有抱怨时代，站在最平凡的岗位，从事最崇高的职业。新时代大学生的思想政治工作具有很强的挑战性，多种文化元素对学生的人生观、价值观和世界观造成很大的冲击，个性化差异非常明显，因此，我们必须具备良好师德，怀有对教育事业的满腔热情，努力提高自己的理论教育水平，并在实际工作中与学生共同发展，实现共赢。这样才能适应不同时期、不同学生的特点，做好自己的工作。

每个人都有自己的梦想，每个人都会为自己的梦想去努力、去奋斗，有人会成功，有人会失败。在我看来这些都并不重要，最重要的是能一心一意地去完成自己的梦想，梦想有多大，我们的舞台就有多大。在沉静与优雅中，用全身心的力量去触摸、感知梦想。在我们追逐梦想的过程中，无数的风风雨雨、坎坎坷坷都会伴随着我们。人生苦短，能去完成自己的梦想，追逐自己的梦想，又何尝不是一种乐趣呢？

做自己喜欢做的事,带着泥土般的朴实和泥土对阳光般感恩的心,又何尝不是一件幸福、快乐的事呢?苏霍姆林斯基曾经有个十分精彩的比喻,他说:"教师要像对待荷叶上的露珠一样,小心翼翼地保护孩子的心灵。晶莹透亮的露珠是美丽可爱的,却又是十分脆弱,一不小心露珠滚落,就会破碎不复存在。孩子的创造心灵,就如同露珠,需要教师和家长的倍加呵护。"这种呵护就是爱,是一种大爱,是一种高校政治思想工作者对教师这个职业最好的诠释。

我一直认为,人世间最美的是文字,最动人的是高校工作者关爱学生的情怀。教师那种"春蚕到死丝方尽,蜡炬成灰泪始干"的奉献精神值得赞颂。老师就像培养花朵的园丁,就像照亮道路的明灯,就像攀登的阶梯,在学生成长的道路上浇铸了理想和信念,在学生平凡的生活里融入了快乐和歌声……做老师不容易啊!是我们,在学生人生的十字路口上为他们指引正确的道路,让他们在迷茫的天空下找到方向。让我们用真挚的感情,为我们继承发扬中医药传统文化和提升中医药高等教育事业唱出心中最优美的歌谣……愿所有的高校工作者、老师们一生快乐、幸福、美丽、健康!

(作者部门:学生工作处)

让爱做主

——《爱的教育》读后感

吴海霞

这个暑假,我带着女儿看了一本书——《爱的教育》。我们用了一个星期的时间读完这本书。我和女儿在读书的过程中,边读边讨论,把书中的每个故事与我们的现实生活,如我的工作、女儿的学习、女儿的身心成长等联系起来,发现这是一本非常值得我们学习、让我们感动的教育书籍。

《爱的教育》是意大利作家亚米契斯写的一本书。这本书是以一个小男孩——安利柯的日记,来反映同学们之间互相关心、互相帮助的校园生活。书中文字简单朴实,描写的也是极为平凡的人物,但是,在平凡而细腻的笔触中体现出来的近乎完美的亲子之爱、师生之情、朋友之谊、乡国之恋等浓郁的情感,流露出人与人之间的真挚情感,处处洋溢着小说所蕴涵散发出的深厚情感,让人感动不已。

在我们的生活中,无论是在社会、学校或者家庭,关心和帮助是不可缺少的。当你生病的时候,你需要关心和帮助;当你有困难的时候,你更需要关心和帮助。这本《爱的教育》描写了发生在学校、班级和家里一个个感人至深的故事：父母对儿女的一片挚爱之心和殷殷期盼，师生、朋友、同学之间的爱和友谊，对祖国神圣的爱……更证明了爱的力量是无穷的。

这本书看完后，我对我的工作、生活进行了深入思考和反省。

首先，我们应该发自内心去爱每一位学生，不让他们感到孤独和无助。

我是一名人民教师，一名大学生辅导员。在日常工作中，每天和很多学生相处，但却没有在细微处去实施我们"爱的教育"。总认为他们即将成人，不需要老师管教太多，也不需要老师时刻用爱心去浇灌。读完这本《爱的教育》后，我觉得应该认真对待学生在生活里、学习上、情感中存在的小问题，呵护他们的自尊和人格，于细微处感知他们的喜怒哀乐。以前，对于学生人际关系紧张、经常旷课等问题我总认为不重要，经常忽视他们的内心感受。现在，我不这样了，因为，我明白了：无论学生处于什么年龄段，他们都需要爱，尤其是在远离父母孤独无助的时候，我们教育者更应该设身处地为他们着想，给予他们爱的温暖。今年 9 月中旬，有个学生阑尾炎手术住院，他的父母不在身边，我因孩子没人照顾就经常带着女儿去医院照顾他。当我的学生渐渐康复，我的女儿却生病了。这件事使我的学生深深感受到老师的爱，也让我的孩子体会到如何做一名负责任的老师。

其次，我们应该改变教育方式，多理解、多包容。工作多年，总感觉教育效果甚微，老师与学生之间有些隔阂。读过《爱的教育》之后，我渐渐感悟到我们的教育方式有诸多不妥之处。

我们的教育方式通常是劝导加指责，监督加考试，对经常犯错误的学生是处分加监控，很少走进学生的内心。通过这本书，我明白要真正做到教书育人，就必须站在学生的立场，多理解多包容，走进他们的内心，走进他们的生活。记得我班上有名男生，大二时经常无故旷课，还在外租房子住。我知道情况后，严肃地批评他，还把他作为负面典型在班上通报。后来我了解到他是因为身体病痛才经常旷课，怕影响其他同学休息和学习，他独自一人搬到外面租房子住。当得知这一切时，我非常后悔和愧疚。这学期，我主动关心他，帮他找医生，并经常询问他的病情，渐渐地，我看到他露出灿烂的笑容，

最后，我们应该放宽胸怀，珍爱生活，畅享人生。

从《爱的教育》中，我感受到书中处处洋溢着爱，而这些爱也存在于我们的生活中，如亲情、爱情、友情、师生情、同事情……可是，我们更多的人却感受不到这些爱，常常因为工作或生活中的琐事而苦恼、痛苦，感叹人生苦短、社会复杂、生活无趣。《爱的教育》告诉我，生活对于我们是一段旅程、一份礼物。在这段旅途中，我们有忧伤有喜悦，有付出有回报，有爱和被爱。我们应该感谢生活，感谢它赐予我们丰富多彩的人生。为了让我们的人生更有意义，我们应该放宽胸怀，珍爱生活，充分享受我们的人生，忘记那些不

再回来的得失，忘却那些曾让我们忧伤的过去，带着对未来的憧憬和生活的热爱，让我们的生活充满阳光。

在我们教育子女时，这本书是一份很好的礼物，教导我们如何教育子女，何如使孩子成为一个正直、善良、博爱、无私、有责任感的人。我们这一代，独生子女多，生活节奏快，工作压力大，对待子女通常是物质上丰富，精神上匮乏，沟通交流少，批评责骂多。在看完《爱的教育》后，我深受启发，感觉愧对孩子，没有很好地做到为人父母的教育职责。在工作中，也愧对我的学生，没有更好地去爱他们。以后，我会带着《爱的教育》给我的感动，更真心地投入到工作和生活中，让学生在爱的沐浴下茁壮成长，学会在享受爱的同时，怎样去爱别人。

（作者部门：管理学院）

请不要以爱的名义

——读《爱和自由》有感

吴 琪

在阅读《爱和自由》时，我被深深触动。这是一本关于"爱"孩子，而不是"教"孩子的书，正如作者所说："我爱孩子们，始终小心翼翼地仰视他们。"这本书不是教你具体的方法和技巧，而是告诉我们蒙特梭利教育的核心和理念：对孩子的爱和尊重。如果说其他的育儿书是教育之树的一段树干或一枝一叶，这本书则是树的整个根系，它探索的是人类心灵的最高领域——幸福。

正如书名所写，本书诠释了儿童成长中最重要的两个因素——爱和自由。作者用理论和大量实例深入说明了什么是爱，什么是自由，爱和自由的重要性，纠正了成人对于爱和自由的一些错误理解。纪律、独立、智慧、道德……这些我们期待的品质，都取决于我们给孩子怎样的爱和自由。

孩子就像一粒种子，给予适合的土壤、阳光、水和空气，就可以成长得很好，这就是"育"，就是"培"，就是"养"。而我们用"教"的成分太多了，我们审视过我们的"教"吗？

一、如果爱孩子，请别自作聪明

成人自以为比孩子聪明，其实未必。成人更不愿意以空杯的心态，观察孩子，向孩子学习。有时，善于思考并不是智慧，反而是我们的所知阻碍了我们发现事实的真相。孩子的直觉和觉察力，是我们大人自愧不如的。这些都是我们成人要反思的地方。

爱如果不给予自由，就是控制。更多的时候，成人之所以要控制孩子，是成人基于自己的恐惧和担心，这种控制，以牺牲孩子的童真为前提。孩子没有以自己童真的心在各个阶段充分探索，孩子就会"心理营养不良"，最后可能导致不健康的人格。

孩子可以自己成长的，如果成人不干预，他（她）可以通过自己心灵的引导，完成各阶段的发展。我们要做的，就是给他们提供环境，用心去领悟孩子，静观其变。只有你读懂了孩子，你才有画龙点睛的作用。

二、如果爱孩子，请多给他点经历

孩子在探索，如果他探索到了这些规律他会自己遵从的。儿童时期，孩子不需要"灌输"，我们只要给孩子创造探索的条件就行。例如：有朋友的孩子喜欢踩踏地上的积水，她从来不阻止孩子，只是观察。结果有一天，天气比较冷，又下雨了，孩子踩踏地上下雨后的积水很长时间，结果弄得鞋子、裤子、衣服又湿又脏。孩子回家后哭了，做妈妈的她，只是很关爱地给他换了衣服，没有任何的责备，最后孩子再也没有踩踏积水的习惯了。

孩子是一个精神存在体，他会按照自己潜在的动力成长。很多时候我们担心的孩子的"缺点"，到了一定的年龄段都会自行消失，反而是我们的干预，让这种自然发展变成不完整的碎片。甚至小孩道德感的建立，如果是被动的，都会出问题。孩子做错了事，你不用去指责和惩罚（孩子年龄稍大的时候，可以协助他一起分析），到一定阶段，他会自我觉悟。

现阶段，我们的教育变成了知识的填充，而人是有感觉、心理、精神和心灵的，我们不断地教孩子学这样学那样，从来没有问一下孩子是否快乐、是否喜欢。我们错误的观念是：我们一直以为儿童的成长过程需要成人来构建，其实这是我们的自卑和受压抑而产生的自大行为，这是我们要反省的。

三、如果爱孩子，请尊重孩子的感觉

孩子的智力，是由"感觉（体验）+实物+概念"形成的，我们很多人并不了解。孩子认识这个世界，是从感观开始，而不是思想。

《爱和自由》一书提到，当你的孩子反复咬枕巾和梳子时，你夺去他的枕巾和梳子，递给他一个磨牙器，你的孩子就会产生混乱，他本该完整的体验，就成了碎片。他也许体会到了"软"和"硬"呢，而你认为这样不卫生。正确的方法是：当他咬毛巾时，你告诉他"这是软的"；当他咬梳子时，就告诉他"这是硬的"，这就是你"点睛"的作用。

又如，当孩子有了弟弟，大人会对老大说："你妈妈不要你了！"这是残酷和混账的玩笑！大人感觉不到，他们忽视小孩的感受，即使察觉到了，也缺少尊重！如果这个时候，妈妈觉察到了老大的情绪变化，就应该对大孩子说："妈妈不是不爱你了，妈妈仍然爱你！但是你的弟弟很小，如果妈妈不给他喂奶，不给他吃东西，不照顾他，他就会死，所以妈妈必须把更多的精力放在照顾你的弟弟身上，而你已经能够自己照顾自己了，这并不意味着妈妈不爱你了，妈妈非常爱你。"这样，老大的问题就解决了。

书上写道："生命的高贵就在于每个生命和其他生命都不一样。人生的过程，就是个性的培养过程。我们常把调皮捣蛋、胡思乱想当成个性，其实不是。个性应该是对某些领域有深沉的、完整的、丰富的体验，当一个人对事物有独特的感觉能力和把握能力时，他就是一个有创造力的人。"希望你的孩子是个有创造力的人。

四、如果爱孩子，请别强迫孩子

我们说要根据孩子的兴趣来培养他，而不是强迫他学什么。有天在东方娱乐台（晚上 7 点 35 分）看到一档节目，说一位母亲因为从小错过了学钢琴的机会，接近 60 岁时开始学习钢琴，最后拿到了级别证书，在幼儿园找到了钢琴教师的工作，真是值得歌颂。但是同台的女儿（职高在读）却说自己的母亲是"非人类"，原因就是母亲逼迫女儿从小学小提琴

（圆自己的音乐梦），让女儿的童年很痛苦，女儿至今还是不喜欢音乐，小提琴10级，只是"掌握了一门手艺"。所以说不要主宰他人的人生，只有支持，这是对生命的尊重。

在《爱和自由》的扉页寄语中写道："当给儿童自由时，他不再听成人的摆布，他依照生命的秩序来发展。他在玩水时变得专注而且安静，虽然他弄得满地是水；在捉迷藏时，他总是藏在一个地方，从不试图换个藏身处，你每次在同一个地方发现他时（他很高兴你发现他），他就快乐地哈哈大笑，并不断地重复这个在你看来既愚蠢又毫无意义的游戏……所有这些，你都不明白它的意义何在。为什么所有的孩子都喜欢这样？我们都知道，这一切就像小猫扑抓毛线团是为捉老鼠做准备一样。人类童年的精神发展是潜在的，我们所知甚少。"

可以说这本书让我改变了原有的观念，接受一种全新的育儿理念。在大人可以控制的范围里，给孩子充分的爱和自由，让他的天性得到充分的发挥。我想这对一个孩子来说就是长大以后拥有的一笔最好的财富了。

（作者部门：临床技能实训中心）

读《生命是一泓清水》有感

杨进宇

很少有时间静下心来好好读一本书，总是为自己找这样那样的借口。这次终于在一周内静静地读完了一本书，是俞敏洪的《生命如一泓清水》。书中的每一个细节都来自俞敏洪生活中的点点滴滴，一边看书，一边细细品味着一位成功人士风生水起的豪情壮志，云卷云舒的从容感悟！

生命如一泓清水，抛开一切的胆怯与绝望，欢快奔流着，找寻心灵的自由。只要不自我封闭，只要勇敢向前，没有什么能够阻挡我们对自由的向往，没有什么能够阻挡我们对美好生活的追求，也没有什么能够阻挡我们走遍天涯海角的梦想……

生命如一泓清水，而非一沟绝望、锈迹斑斑的死水。年轻的我们，拥有水的清澈活力，抱有目标和梦想，在生命里寻求世俗的平衡，在现实的打击下渴求灵魂的超脱。很难想象，有一天如果我们丢失了目标和梦想会是怎样的情景，可能任何挫折和打击都会令我们失去勇气，失去对未来的追求和对生命的热情，不再信任自己，不再期许未来，不再像清水那般充满灵动。透过这本书，脑子里回旋的只有梦想和目标，以及充盈在其间的困难与挫折，享受克服自我之后的淡然和洒脱，而不是躯体虽在，灵魂已死的生命。

书中这样写道："生命的完整在于保持它的活力和自由。""家的感觉"与"梦想之旅日记"两部分使我明白，伟人与大多数人一样，生活中的每一天，也是充满了平淡、琐碎、悲伤、幸福。不同的是，伟人将大多数人眼中的琐碎转化为生命的燃料，激情燃烧，照亮身边的每一个人。生活的阴暗和腐臭使人怯懦，使生活黯然失色。那几篇家庭的文字，都让我由衷的感动，我看到了一个真实男人的真实情感，看到了一个在事业和家庭之间努力平衡的用心者。用眼睛去看其地其人，用心去思考眼前所见，怀念着已逝的过去，期许着可变的未来，这已然是一种热忱，一种对生命虔诚的爱恋。

当看到书中最长的一篇《生活在自然和豁达中》时，受益匪浅。如今工作中也常遇到各种各样的困难，我都会很自然的想到文中写的："当针扎到你的手的时候，你应该庆幸被扎到的只是你的手而不是你的眼睛。"它教会了我如何平复工作中的负面情绪，如何化解与同事之间的矛盾，如何转移紧张工作下的压力，也许我无法将工作做到事事如意、尽善尽美，但要无愧于心。

也许我们会变得浑浊，也许我们会在奔流到海的旅途中被暗礁撞得遍体鳞伤，但生命将奔流不息，在浩荡中再次澄澈。我们可以渗透在每一次成长之中，然后再次化为一泓清水，给自己的生命一次次的梦想，经历一次次惊喜的旅程。

如此周而复始,我们的生命将变成世间万物的一部分,变得博大,变得宽广无边,永远生生不息。

合上书页,心里又明朗了几分。我的工作、梦想、人生,都是我的财富,我的清水。此刻的我也在为心中描绘的未来而努力,希望自己在慢慢流逝的岁月里,保有水的清澈活力,保有水对自由的向往,让心中的细腻和看似无用的敏感一直留存,让生命流淌如清水,而非浊流。

(作者部门:护理学院)

《永不放弃：马云给创业者的 24 堂课》读后感

杨 芬

1984 年，在浙江大学的校园里，你经常会看到 6 个年龄相仿的高考落榜生，他们聚在一起，对着天空肆无忌惮地振臂高呼：我们一定会考上大学，我们一定会出人头地！我们一定会考上大学，我们一定会出人头地！我们一定会考上大学，我们一定会出人头地！

这 6 个落榜生里面，有马云的身影，也有马云的声音。24 年过去，当我们重温那些充满激情的青春誓言时，我们的心仍然被深深震撼着。我们感受到的是一种勇往无前、破釜沉舟、不破楼兰誓不还的大信念。

和张朝阳、李彦宏、史玉柱、丁磊、马化腾这些打小学习成绩就非常优异的当今互联网领袖级人物们相比，马云真的不是一个好学生。他的成绩很差，尤其是数学，那简直是差到了地老天荒海枯石烂的地步。因为数学太差，初中毕业，他根本不敢报考重点高中，只报了个二流的高中，但连考两次都没考上。

1982 年，18 岁的马云第一次参加高考。他填报的是北京大学,但是他的高考成绩很差,尤其是数学,只考了1分。

第一次高考落榜后,说实话,马云是很灰心丧气的,他认为自己根本不是考大学那块料,于是他开始四处打零工谋生计。他每天踩着一辆装满货物的笨重三轮车,在崎岖不平的路上吃力地行驶。我们可以想象,以马云那样瘦小的身子,干着那样沉重的活,是怎样的一幅情景!18岁的马云常常望着前方,茫然不知所措,难道自己这一辈子就只能当一个踩三轮的"骆驼祥子"?他当然不甘心!

有一次,马云踩着三轮车去给一家文化单位运书,在金华火车站的候车室里,他捡到了一本书,作家路遥的中篇小说《人生》。《人生》里高加林的故事深深感染了他。他从此明白了一个道理:人生之路,不仅是漫长的,更是充满坎坷曲折的,若要有所成就,必将经历一番磨练。他想起了孟子的话:"天将降大任于斯人也,必先苦其心志,劳其筋骨,饿其体肤,空乏其身,行拂乱其所为,所以动心忍性,曾益其所不能。"

在经过一番深入思考后,他决定再战高考,开始勤奋的学习。1983年,19岁的马云第二次参加了高考。这一次,他满怀信心,但是老天偏偏喜欢跟他开玩笑,他再次惨败,数学只考了19分。

成绩出来之后,父母都对他不再抱什么希望,认为这孩子注定不是考大学的料,劝他安安心心学点手艺,当个临时工,混口饭吃。但是马云却仍不甘心,他不甘心一辈子只当个临时工,他要考大学,他明白只有考大学才能改变他的命运。由于父母不再支持他考大学，所以他只有边打工边复习。他那时常常跑到浙江大学图书馆去学习。在浙江大学，他认识了5个落榜生，他们经常聚在一起谈论他们的抱负和理想，于是就出现了本文开头的那一幕。他们对着天空肆无忌惮地振臂高呼：我们一定会考上大学，我们一定会出人头地！我们一定会考上大学，我们一定会出人头地！我们一定会考上大学，我们一定会出人头地！

我相信，他们每个人高喊着这些誓言的时候，眼里含着泪水。

1984年，20岁的马云第三次参加高考。马云记得，高考前，一位姓余的数学老师对他说："马云，你的数学真是一塌糊涂，如果你能考及格，我的'余'字倒着写。"马云的表现让余老师大跌眼镜：考数学的时候，靠10个死记硬背的公式，他一个题一个题地去套，结果这一套，居然给套出了79分（当时数学满分是120分，72分及格），这个分数在马云的数学考试史上，绝对是破天荒的伟大成就。马云非常幸运地考上了杭州师范学院，成为外语系的一名本科生。

马云之所以让当今的无数草根创业者崇拜，一个很大的原因，就是马云也曾跟我们一样，是一个普通得不能再普通的人，没有显赫的家庭背景，没有高大帅气的形象，没有优秀的学习成绩，没有聪明睿智的头脑。他靠的是不屈服于困境的精神，靠的是一定要改变生存现实的决心，靠的是一定要成功的坚定执着的信念，所以他高考屡战屡败、屡败屡战。我经常这样想：如果马云在第二次高考失败后，听从了父母的劝告，没有参加第三次高考而去学门手艺，安安稳稳过他打临时工的生活，那么，还会有今天的马云，还会有今天的阿里巴巴吗？我想，绝对不可能！

多年以后，功成名就的马云来到他当年一手创立的海博翻译社，题下了4个大字：永不放弃。这4个字，如今在海博翻译社的网站首页上赫然在立。它传达着这样一种精神：做任何事情，你可能会碰到很多挫折与失败，但是只要你坚持下去，永不放弃，那么你就一定可以成功！

永不放弃，这是阿里巴巴企业文化的核心所在，是马云终生的信仰所在，也同样应该成为我们所有正在创业道路上或即将走上创业道路的人共同的大信念。

永不放弃——说得多好！人生只有永不放弃，才能真正无愧于此生。回想我的人生经历，对此也是颇有感触。虽然我的成长经历没有马云那么坎坷和传奇，但也布满荆棘。中考时仅以1分之差与重点高中失之交臂，家里也没有经济能力和门路让我去重点高中，只好沦落到一所二流高中。第一次高考仅考取一所本市的二本院校，家人觉得学校不好，让我复读一年。第二年高考虽比重本线高出10多分，却因志愿没报好，被调剂到哈尔滨一所二本中医类院校，护理专业。不喜欢的专业，不喜欢的学校，再加上离家几千里，这一连串的打击，使我的大学4年都在压抑与痛苦中度过。

但是我一直坚信——笑到最后的人才是笑得最好的！所以我从未放弃过自己。毕业时，由于不想一辈子做护士，所以决定考研，而且要考就考好学校——湘雅医学院。当时很多人劝我考本校的，这样比较容易，但我觉得要就不考，要考的话就得尽力考个有名气的。一个中医院校的学生想考西医院校，而且还是外校，这本身就是一个挑战，这中间的辛酸与痛苦只有经历过的人才深有体会。不过幸运的是我考上了，当时是我们班唯一一个考外校成功的，而且是公费，毕业后我如愿到学校做了一名老师。

一路走来，我最大的感触就是信念很重要，就像马云所说的——永不放弃，只有不抛弃、不放弃自己，才能在遇到挫折和困难的时候不被吓倒，不屈服于现实，才能实现自己的人生理想和价值。我想我们更多的人都应该以此为信念，这不仅是创业道路上的法宝，更是人生道路上的至理名言。

（作者部门：护理学院）

学习雷锋精神 全心全意为人民服务

——《雷锋传》读后感

张燕燕

雷锋同志是中国家喻户晓、全心全意为人民服务的楷模，共产主义战士。他作为一名普通的中国人民解放军战士，在他短暂的一生中却助人无数，我国伟大领袖毛泽东于1963年3月5日亲笔题词"向雷锋同志学习"，并把每年的3月5日定为学雷锋纪念日。一部可歌可泣的《雷锋日记》令读者无不为之动容。"雷锋精神"激励着一代又一代人，我们要向雷锋同志学习，学习他的精神：一心向着党，向着社会主义的坚定政治立场；全心全意为人民服务，无私奉献的崇高精神；甘当革命的"螺丝钉"、干一行爱一行钻一行的爱岗敬业态度；刻苦学习和钻研理论的"钉子"精神；勤俭节约、艰苦奋斗的优良作风。当雷锋听到有的同志说工作太忙，实在没有时间学习时，他便根据自己的学习体会，在日记中写下了这样一段话："有些人说工作忙、没有时间学习。我认为问题不在于工作忙，而在于你愿不愿意学习，会不会挤时间。学习的时间是有的，问题是我们善不善于挤，愿不愿意钻。一块好好的木板，上面一个眼也没有，但钉子为什么能钉进去呢？这就是靠压力硬挤进去的，硬钻进去的。由此看来，钉子有两个好处：一个是挤劲，一个是钻劲，我们在学习上，也要提倡这种"钉子"精神，善于挤和善于钻。这就是广为称道的雷锋刻苦学习的精神，它影响了一代又一代的人。

一、坚持共产主义信仰

雷锋精神中闪耀着信仰、信念的光辉，在世界政治环境发生巨大变化，中国共产党由革命党向执政党转变的时代背景下，将这一精神特质灌注于社会，必将激发支撑民族崛起的强大精神力量。解读雷锋精神，首先应把我们的着眼点置于信仰大厦的构建。在一定意义上，当我们真正读懂雷锋坚守共产主义信仰信念的动因，及其产生的社会作用，才能找到精神支点和动力之源。

信仰是任何时代、任何人都无法回避的命题，更是全球化时代，尤其是我国现代化进程中，为避免精神迷失，获得精神支柱而必须深入研究的重大理论和实践命题。而所谓一部分人的信仰信念缺失，主要是指政治信仰的缺失，更进一步讲是对共产主义信仰的弱化。出现这种弱化，有国际共产主义运动处于低潮的背景，也有当今社会价值判断、价值追求的原因，即由媚俗而来的功利主义和短期行为至上，不再追求伟大革命精神的目标。

雷锋精神以共产主义信仰为核心，既是对信仰特质的印证，同时也是对信仰作用的揭示。一个国家、民族、集团乃至个人，一旦拥有了雷锋那样对信仰的坚守，一种巨大的力量便产生出来。以中国共产党领导中国人民完成民族独立和民族解放为例，先后有数百万革命先驱为崇高信仰献出宝贵的生命，他们像殉道者一样，前赴后继，靠的就是共产主义信仰。

然而，在我们今天的社会生活中，人们经常陷入困惑：为什么很多人的精神追求大大弱化，甚至喊出"远离崇高"，更有人以"恶搞"把原本矗立于我们脑海中的精神雕像摧毁？这一方面是由于对"文革"极左思潮的反感，另一方面则有时代变迁的影响。就后者来看，随着1990年代出现的苏联解体、东欧剧变，社会主义阵营瓦解，世界政治生态发生巨大变化，由于二元对峙的解体，出现了与此相一致的政治生态下的信仰信念随之淡化的现象。加之冷战结束后，西方学者提出"意识形态终结"的理论，都给中国精神大厦的建设带来冲击。由此，决定了我们需要深入挖掘雷锋精神中富含的信仰信念因子，特别揭示雷锋对共产主义和共产党笃信不疑的根本原因，以此引导社会大众。

二、追求道义价值，做高尚的人

雷锋仅仅走过22年的短暂人生，他不仅以小事铸就辉煌，甚至其精神沉淀进中华民族的历史和文化。雷锋精神启发我们思考人生的意义在哪里，怎样才能获得真正的幸福，帮助我们认识物质和精神、舍与得的辩证关系。雷锋生前身后一直与"傻"相伴。讲其傻，是因为他一直恪守"毫不利己、专门利人"的价值观念，且付诸行动。雷锋并不"傻"，其行为来自对人生意义和价值的理解，源自对幸福真谛的感悟。

雷锋精神告诉我们，什么是价值和价值的社会特征。价值有两种，一种是功利价值，另一种是道义价值。功利价值重要，但存在有限性，道义价值却是无限的。一个社会如果总是以功利价值评价人和事，就很难把一个民族引向高尚，例如我们评价道德楷模时，如果总是关注其付出了多少金钱，就近乎步入道德误区。从功利价值上讲，一个企业家拿出上百万、千万元的捐款，一定比以拾荒为生、同时抚养几个弃儿的效用或功利价值大；但从道义价值上衡量，后者并不输于前者。只看功利而弱化道义，结果只能扼杀平民的道德行为。真正的善并不仅仅表现在金钱付出的数量。一个微笑，一句关爱的话，都是善。雷锋精神凸显的恰恰是道义价值，由有限化作无限，让普通人从中认识到自己善行的意义和价值。

雷锋精神启示我们如何去实现人生价值。雷锋于有生之年，所做出的都是人人皆可为的小事，也正是由于小事而更容易让普通人弄清价值坐标，找到价值追求与价值实现的途径。检验一个人的品质和境界，并非都要通过大事件，毕竟能够创造惊天地泣鬼神之伟业者不多，更多的人是平凡的，如果一个人做出更多的是小事，并且执著持久，也能蕴含或折射出伟大的情愫。正如毛泽东所说：一个人做一件好事并不难，难的是一辈子只做好事不做坏事。1960 年 7 月 27 日，雷锋肚子疼得厉害，他来到团部卫生连开了些药回来，见一个建筑工地上正热火朝天地进行施工，原来是给本溪路小学盖大楼，雷锋情不自禁地推起一辆小车，加入到运砖的行列中去，直到中午休息，雷锋被一群工人围住了，面对大家他说："我们都是为社会主义建设添砖加瓦，我和大家一样，只要尽了自己的一点义务，也算是有一份光发一份热吧！"这天下午，打听到雷锋名字及部队驻地的市二建公司组织工人敲锣打鼓送来感谢信，大家才知道病中的雷锋做了一件好事，过了个特殊的星期天。

三、树立全心全意为人民服务的思想

随着社会的进步，我们步入了一个彰显个性和强调自主权利的时代。与雷锋所处的时代和社会结构已有很大不同，那时的观念和社会结构比现在单纯得多，因而更强调"一块砖"和"任党搬"。而今天经济结构已经趋向多元化，按经济规律进行社会调节成为主调，大众拥有更多职业选择和对事物的选择权，这是社会的进步，有其客观必然性。但如何处理好人与人、人与社会的关系问题依然存在。尤其对坚持"为人民服务"的党员干部而言，就更应该坚守和弘扬雷锋精神。

中国正处于由社会主义向共产主义转型的过渡时期，社会矛盾和问题仍然很多，要实现中华民族的伟大复兴还需几代人的不懈奋斗，需要我们向雷锋那样，真正担负起属于自己的社会责任。雷锋的可贵之处在于，他继承了中华民族传

统文化所要求的"勿以善小而不为，勿以恶小而为之"的古训，同时践行了共产党员全心全意为人民服务的宗旨。因此，今天有必要弘扬雷锋精神，彰显其时代价值，发挥其引领社会的作用。

近日，看到一则新闻，说的是一对夫妇，14年来，他们用辛苦换来的积蓄，走访了吉林省30多所村小，为8000多名学生累计捐赠了60多万元的文体用品！这对夫妇就是吉林省长春市六旬老人夏志国和陈玉珍，平时他们就在不足5平方米的店内经营文体用品。卖一个算草本挣5分钱，卖一支圆珠笔挣2分钱……他们的行动感动着网友，也温暖着社会。笔者认为这就是现代的雷锋精神。

在经历了一系列诸如"小悦悦事件"的"洗礼"之后，我们的社会从来没有像现在这样，迫切需要一种精神、一股力量，以凝聚人心，来弘扬美德。正是在这样的社会大背景下，雷锋精神被越来越多的人们所尊崇，"学雷锋"成为人们期待的社会行为规范与准则。

对物质的过度追逐，必然导致文化上的蜕变，类似"每日三省吾身"的内敛谦逊、"修身齐家治国平天下"的道德理想、"克己奉公"的无私大度，似乎已经离普通人越来越远。而论及扭转社会风气、重塑文化风范，雷锋可以说是普通大众恰如其分的榜样，而且恰逢其时。

大张旗鼓提倡雷锋精神，积极开展学雷锋活动，当可弥补道德天空上的裂痕。雷锋精神从来都不会过时，因为他早已成为中华民族美德的重要组成部分，成为具有标杆性质的宝贵道德遗产。而因为制度的完善、社会的变革乃至观念的更替，新时代的雷锋精神，也应该被赋予新的内涵。例如扩大学雷锋的主体，由单纯个体的人延伸到政府和各级办事机构；再如学雷锋的形式，也在发生着变化，由之前的无偿学雷锋，变为给予一定的物质奖励，各地已经对见义勇为者纷纷采取奖励机制。

呼吁社会，让我们向现代的"雷锋"学习吧！

（作者部门：医学检验与技术学院）

《孩子，把你的手给我》读后感

赵 燕

《孩子，把你的手给我》，乍看到这本书的名字，就有一种亲切感。这个世界上，最纯真、最可爱的人就是孩子。孩子是娇嫩的，需要成人的呵护，需要正确的引导，才能健康成长。

父母都希望自己的孩子成为一个品质高洁的人，一个有着怜悯之心、敢于承担责任和履行义务的人，一个有勇气、充满活力、正直的人。然而，光有爱是不够的，好的父母需要正确、有效地与孩子沟通，大手牵起小手。

爱究竟是什么？是为自己的孩子规划好人生？还是用大衣棉被紧紧护着爱子？那都不是爱。诸如手与水的故事：当双手小心翼翼捧起一汪清水时，水可以注满掌心；当双手紧紧握住水时，它则从指缝之中流走。你爱他，就要小心呵护他，而不能强行把他占为己有。因为，爱是自由，爱是宽容，爱能包容一切。你只能适时、适当地牵着他的手，教他认识人生的牵牵绊绊，然后由他自己去面对这些牵绊。

为人师，教育——早已成为我工作的一部分；为人母，对孩子的教育也成为我每日生活中的必修课，无论是衣食住行，还是生活点滴，都需要不断的积累和学习。父母往往会笑我，养你的时候也没那么多科学，你现在不也是很不错！有时，我也在想，究竟什么样的才是科学的，对孩子有益处的？是顺其自然，还是需要不断学习科学的经验？

其实，我觉得我们这一代很多人的茁壮成长是靠的运气，很多的失败、悲剧其实也许能够避免，物质生活是一部分，教育是重要的另一部分。教育的目的不是成就一番伟业，也不是培养天才或者神童，而是可以使孩子具有一个健康的心理，能够面对和应付人生的万象。

现代家庭氛围应该是：民主、尊重、平等、自由。大家都有这个意识，可一旦回到实际的生活中，我们的言语就表现出了专制和不平等，如："大人讲话，小孩别插嘴，到一边去！"或者，"你的作业写完没有？都九点了，还不去练钢琴？"这些类似的不信任和不尊重在大多数家长和孩子间都会出现，叫嚷、争辩、甚至是吵闹、矛盾、冲突等，为什么会这样？因为大多数父母没有意识到语言的破坏力量。出现这些不幸，不是因为缺乏爱心，而是缺乏对孩子的理解；不是缺乏知识，而是缺乏语言智慧，所以家长在和孩子沟通时，语言技巧是非常重要的。

与孩子交流和沟通需要技巧，有些无心的话可能造成潜在的无限伤害。这本书的主旨承认孩子思维的独特性，在交流和沟通时以平等尊重的心态对待孩子；多用陈述句表达对孩子感受的认可；禁止的是不允许的行为，而不是感受；赞扬的是努力和过程而不是人格品质。

给孩子一定的理解，他们的孤独和伤痛就会减少，诚恳地关心孩子的困境，关心他们的情绪和抱怨。说教和批评是毫无效果的，不能起到一点好作用，并且会产生距离和怨恨，我们需要学习用关心的方式和孩子交谈。

　　英国教育家罗素说过："爱是一缕金色的阳光，凡是教育缺乏爱的地方，无论学生的品格还是智慧，都不可能充分或自由地发展。"教育要在沟通中展开，爱也要建立在彼此尊重、相互信任之上。我们每个人都渴望得到尊重、理解、支持和鼓励。也许，我们都得到了，也许，我们也曾失望过。无论如何，现在尊重、理解、支持和鼓励的种子握在我们手中，就让我们把它们无私地播撒到孩子们心田吧！用包容的方式爱孩子、爱学生，爱这世界上最纯真的人，我们得到的将是一个美丽的世界！

（作者部门：管理学院）

《假如给我三天光明》读后感

徐安莉

阅读海伦•凯勒的《假如给我三天光明》时，恰逢自己处在人生的低谷。不如意的事接二连三，繁忙快节奏但无效的工作，疲于应付的各种学习，学生的屡屡犯错不懂事，周围人对自己的不满意……重重压力让我身心疲惫、喘不过气。每天我都眉头紧蹙，心里堵得满满的，心情抑郁，感觉自己的日子里没有阳光、没有未来，只有无尽的指责、黑暗和无望。窗外的花儿开得烂漫之极，草儿绿得晃眼，曾经敏锐的感觉仿佛冻结，对于过去让自己感动甚至落泪的细节竟是视而不见。

偶然的一天，在书城的书架上发现了它——《假如给我三天光明》，充满生命色彩的绿色封面，黑白分明的八个大字，就那么适时地吸引了我。连续一个多星期，我陷入其中不可自拔，一有时间就捧起它，伴着墨香，我游走于一个生机勃勃的缤纷世界，和一个伟大的灵魂无声对话，时而为海伦的不易神伤，时而为沙利文小姐的耐心、智慧和爱流泪。它默默地抚慰着我的焦躁，净化着我的混沌，丰腴着我的荒芜，提升着我的境界和对生命的认知。

一、用爱播撒光明

海伦是不幸的，一场高烧让她从此与色彩、声音绝缘。但海伦又是幸运的，她遇到了上帝派来的天使——莎莉文小姐，是她，让海伦从此无忧无虑地生活在爱的喜悦和惊奇中，体味着世间一切事物的美好。她用尽心思为海伦引路，用自己如山涧泉水般纯洁的爱，让海伦的心灵映出灿烂耀眼的蓝天、波光、树影、山峰、花朵和鸟鸣。50年的朝夕相处，半个世纪的相携扶持，让海伦发出如此感慨："我也分不清，对所有美好事物的喜爱，有多少是自己内心固有的，有多少是她赐予给我的，她已经成为我生活的一部分。我是沿着她的足迹前行的，我生命中所有美好的东西都属于她，我的才能、抱负和欢乐无不由她的爱点化而成。虽然我眼前一片黑暗，但因为老师带给我的爱心和希望，使我踏入了思想的光明世界，我的周围也许是一堵堵厚厚的墙，隔绝了我与外界沟通的道路，但围墙内的世界却种满了美丽的花草树木，我仍然能欣赏到大自然的神妙。我的住屋虽小，也没有窗户，但同样可以在夜晚欣赏满天闪烁的繁星。"莎莉文小姐用她毕生的爱，点亮了海伦的心灯，点燃了她闪烁的生命火炬。

除了莎莉文小姐，海伦还遇到了仁慈热情的威廉·韦德先生、爱迪生、泰戈尔、福特、卡耐基、贝尔博士和汤姆斯小姐，他们的善良、温厚和友谊，带给海伦温暖多彩的人生。

唏嘘于莎莉文小姐在自己苦难后依然全力支撑海伦，我不禁反思起自己的教学行为。作为一名教师，在我们的教学过程中，会遇到各种各样的学生，性格怪异偏激的、家长过分娇纵任性的、能力偏低的、由于各种原因导致心理不健康的……虽然他们的表现各异，但有一点却是相同的：那就是需要和渴望被爱，渴望一种理性、宽容，起引导作用的持续的爱。每个老师都能把孩子领进教室，但并不是每个老师都能走进孩子们的心灵。每一个孩子，在他的人生道路上，如果都能遇到莎莉文小姐般的良师，相信他的人生必定会是充实快乐而有价值的。每一个孩子，都是在爱和温暖里变得向上。一个故事让我觉醒改变：有个男孩养了只小乌龟，在一个寒冷的冬天，小男孩想让这只乌龟探出头来，用尽了他能想到的所有办法，却怎么也未能如愿。他试着用手去拍打它，用棍子去敲击它……但任凭他怎么拍、怎么敲，乌龟就是连动也不动，气得他整天噘着那张小嘴，显得很不开心。后来，他的祖父看到了，笑了一笑，帮他把那只乌龟放到了一个暖炉的上面，过了一会儿，乌龟便因温暖而渐渐地把头、四肢和尾巴伸出了壳外，男孩见此开心地笑了。祖父对小男孩说："当你想要让别人按照你的意思去做，去改变时，记住不要采取攻击的方式，而要给予他关怀和温暖，这样的方法往往更加有效。"我开始平和自己的心态，我们都应该用自己的努力和爱开启周围每个人的心灵。

二、因爱珍惜光阴

"假如你只有三天光明，那么你会怎么使用你的眼睛，你最想让你的目光停留在什么上面？"面对这样的假设和问题，我们有多少人真正懂得，如果厄运真的来临，我们又会以怎样的心态对待？拥有的时候，我们都觉得它是一种必然，从来不懂得珍惜，在每天的忙碌中，我们的心里、眼里塞满了太多的不满、不如意，我们为别人得到的比自己多而生气，我们纠结于太多的无谓。海伦在患有严重的生理缺陷时，依然心中有爱，坚强地面对，勤奋地学习，开怀地欢笑，对生命充满感恩和珍惜，接受命运的挑战，终于在黑暗中找到光明，跑遍美国大大小小的城市，为残障人奔走，为不幸的人服务，将莎莉文小姐的爱传承于全世界。

作为一名教师，我们应该感到幸福，因为我们每天面对的是一个个充满个性的活泼的生命，我们每天的工作其实是与一颗颗美好的、稚嫩的心灵对话。这其实是一件非常幸福的事，如果我们每天都这么想，我们就会细心地、敏感地抓住学生每一个细微的变化，发现学生学习和生活中的问题，及时地进行教育、引导，使学生能够在一种健康的心理状态下学习和生活。让自己的心里充满爱，学会珍惜眼前的一切美好。

珍惜分分秒秒，不要等到失去后才珍惜，珍惜现在拥有的，对一切心存感激，这样才不会辜负大自然赐予人的一生。幸与不幸总是相对的，关键取决于你以什么样的心态去对待。海伦，用她艰难却幸福快乐的一生，诠释了生命的意义。她的一生，生活在黑暗中却给人类带来光明，她用行动证明了人类战胜苦难的勇气，她的坚强给世人谱写了一曲永难遗忘的篇章。

（作者部门：基础医学院）

做好细节不简单

雷 咪

偶然读到《细节决定成败》一书，受益匪浅。该书是一本细节管理的专著，内容是汪中求先生借鉴国外企业的管理经验，结合自己多年相关工作的实践经验，给大家讲述细节管理的重要性。这本书由浅入深，从思想观念出发，到细节产生的差距，忽视细节的代价，由细节的本质到细节的积累过程，清清楚楚，淋漓尽致地向我传达出细节的重要性，这对于我——一个刚刚走上工作岗位的人来说，有很好的指导作用。

一、一件事要想做好，必须做细

所谓大礼不辞小让，细节决定成败。在中国，想做大事的人很多，但愿意把小事做细的人很少。我们绝不缺少雄韬伟略的战略家，缺少的是精益求精的执行者；绝不缺少各类管理规章制度，缺少的是对规章条款不折不扣的执行。也许太多的人，对事物的细节不屑一顾，太相信"天生我才必有用，千金散尽还复来"，殊不知，大多数人都是在做一些小事，假如每个人能把自己所在岗位的每一件事做好、做到位，就已经很不简单了。任何一个环节的薄弱都有可能导致工作质量的滑坡。因此，接手的事必须按时、按标准完成，不能完成没有任何解释的理由；已做完的事情，自己检查认定完全没有错误再上报，不要等检查出了破绽或漏洞再辩解。把小事做细了，工作效率自然就提高了。所谓的绝招，都是用细节的功夫堆砌出来的。大量的工作都是一些琐碎的、繁杂的、细小的事务重复。做事只是把事情做对，用心做事才能把事情做好。在这个细节制胜的时代，任何一件事件都是做出来而不是喊出来的。特别是在工作岗位中，更要把小事做细，每一个大问题里都有一系列的小问题。如果热爱工作，那就应尽自己所能追求完美，结合我自己的工作来说吧：一名实验员，负责相关专业的本科生实习教学的准备工作，工作量大而又繁琐，准备的每个细节都是保证实验顺利开展的关键，试剂纯度是否合适，溶液浓度是否正确，仪器是否正常，操作过程是否规范等等都是我们在准备实验时要检查的，每个实验前我们都会做好预实验，把实验数据向专业课老师汇报，看是否有问题或是否有更好的操作方法，这样不仅可以保证实验的有序进行，更使我从中学到了新的知识，增加了自己的知识储备。

二、一件事要想做好，必须用心

我们经常反思自己的工作，如果都能以认真的态度做好各自岗位上的每一件小事，都能以强烈的责任心对待每一个细节，教育事业的发展才能蒸蒸日上。同样，在我们的日常生活中，也会遇到各种各样的事情，而每个人的处理方式不同，所产生的效果和结局也就各不相同。这本书揭示了成功者和失败者之间的差异。成功者之所以能成功，并非他们的先天条件多么优越，而是他们在细节上比其他人下了更多的功夫，所以取得的效果就略胜一筹，反之，失败者往往不注重细节，而重视细节就是用心的表现。只有真正热爱自己的工作，喜欢自己的工作，才会花心思，才会注意到工作中的问题，才会想尽办法提高自己的工作效率，完善和协调自己的工作内容。

教育工作是个全方位的系统工程，需要各方面互相配合。我们部门的领导以身作则，对丰富实验室实验教学内容和培养我们中青年的教学、科研能力也是极为用心，而这种态度也感染了身边的人，我们更加热情地投入到自己的本职工作中，严格执行实验相关操作制度，认真细心处理实验的每组数据，使学生对自己的学科、专业保持严肃、认真的态度，不敷衍了事，让我们对所学的专业领域怀有一颗敬畏之心，只有如此，才会督促我们认真对待每个工作细节。俗话说"使人疲惫的不是远方的高山，而是鞋里的一粒沙子"，我将怀着极大的热情去发现生活和工作中每一个细节：也许是对同事的一次热情招呼、也许是接电话时一句温暖问候、也许是对学生的一个甜甜微笑、也许是对技术的一点执著追求、也许是对工作的一种韧劲。

三、一件事要想做好，必须养成好的习惯

一位名人说得好："播种行为，收获习惯；播种习惯，收获性格；播种性格，收获命运。"人的习惯就是一种潜意识。"如果让你的手下去送货，你必须考虑5个细节，必须打7个电话；你的业务人员访问经销商，未开口说话之前，必须做5件事；一个戒烟规定，要经历5个阶段，做了一年的细节，顺理成章地全部实现戒烟……"这是书中的一些案例，这些案例充分说明了当人做一件事情达到一定熟练程度后，就会变成一种潜意识，变成一种习惯。任何一项工程，都可以分解为无数个细节，对无数个细节严格执行，使其变成一种习惯。细节就是习惯，优秀也是一种习惯！汪中求说：如何把细节做好，最重要的，第一是认识，第二就是训练。团队就是格式化，就是将细节训练成习惯。所谓的团队就是经过格式化的模式，能够达到一定默契的队伍，否则只能叫乌合之众，而乌合之众是不可能有战斗力的。所以进入团队以后需要进行格式化，需要进行很多操作规范的培训，对格式化操作必须严格要求，久而久之使大家形成工作习惯。我们在实际工作中都会格外注意自己动手能力的规范性、实验准备的合理性、实验内容的科学性，只有养成这样专业的实验操作能力和专业的实验态度，才能对每个实验做到心中有数，才能协助专业课老师教好实验课。同时在准备实验的过程中也会遇到一些繁琐和大量的工作，在找到一些小技巧或者规律后，我们会记

录下来,以方便后期的老师准备,我们也会听取老师的专业意见,只要是有利于实验教学顺利开展的,我们都会接纳并记录下来,并逐步养成习惯,使我们的实验准备工作进行得更科学、更有效。

海尔总裁张瑞敏先生说:"把每一件简单的事做好就是不简单;把每一件平凡的事做好就是不平凡。"所以,无论做人、做事,都要注重细节,从小事做起,从点滴做起。我相信,只要我们深入到细节中去,定能从细节中得到回报!

(作者部门:药学院)

生活·哲理

一面镜子

——《丑陋的中国人》读后感

何敢想

《丑陋的中国人》的作者是台湾作家柏杨。初看书名，让人吃惊，读过之后，却忍不住点头称是。书中语言犀利尖刻、精准到位，把中国人的劣根性和一些坏品质剖析得淋漓尽致。尤其感佩作者的一句话："我们的丑陋来自于我们并不知道自己的丑陋！"

柏杨以"恨铁不成钢"的态度批评了中国的"脏"、"乱"、"吵"、"窝里斗"、"不能团结"等缺点。每种缺点都列举了相应的实例，写得很深刻也很真实。这些现象直到今天还继续存在的。虽然这本书是批评中国人的，因此受到了很多国人的斥责，但我觉得这本书是一面镜子，能让我们看到自身的劣根性。有的网友说：看这本书需要一定的文化修养，不然你很可能被书中那些话激怒。确实，我刚开始看的时候也有点窝火，但抱着平和的心态读下去，心中就淡定了。其实正如作者文中所写，在中国大陆问那些"文革"中坐过牢的文人为什么会坐牢，那些人的回答很简单也很准确:"因为说了几句实话。"短短几个字把当时大陆的一切政治影响全部表达出来了。柏杨在演讲中说他知道书一出来必然会遭到很多人的辱骂,也许会面临牢狱之灾。但作者并不是台独分子,他称自己是中国人,所以敢指出中国人的缺点,何况作者说的也是实话!因此,读这本书时,我们应持有一颗平常之心,读后越是愤怒越是表现出自己的丑陋。

"中国人嗓门大,因为他们没有安全感,所以总觉得自己嗓门越大越有理。"这句话给我印象也很深刻,比如法国某时尚店公开声称不接待中国游客,如果可以的话上网查一下,看这件事造成多大的轰动,而这种轰动是最坏的那种!可悲!

"中国人的窝里斗是天下闻名的,在台北做生意,三个日本人说:'好,这次是你的,下次是我的!'而中国人则采取'你卖50,我卖40;你卖30,我卖20'的做法……"这一段将中国人的窝里斗描写得多形象呀!在这些人心里,只有钱才是第一位,为了钱可以在人面前献尽俗颜媚骨,还觉得自己很了不起!你在国内丢人就算了,还非得把脸丢在境外,真是让人恶心!

有些中国人之所以丑陋,我认为其根本原因就是太虚伪、太爱面子。他们没有勇气去面对自身的缺点和不足,却依然蒙着眼睛自诩为"泱泱大国"、"礼仪之邦",甚至对批评自己的外国人反唇相讥:"你说中国有缺点,是因为你生活的环境不如中国,你嫉妒罢了;你担心中国崛起了会吞并了你们那可怜的小国,所以想在此之前尽一切办法来打击我们龙的传人。"

什么宇航员只能看见长城，什么中华民族是和犹太人并列的世界上最聪明的两个民族……说实话，我听了这些真的觉得脸红。拿这些子虚乌有的东西来自我炫耀陶醉，不过是为了让自己的虚荣心得到极大的满足罢了。

很多中国人都听过这么一个笑话：一对父子坐公交车，坐了一会孩子悄悄地对他父亲说："爸爸，有人偷钱包。"这位父亲急忙小心示意孩子不要说话，就当作什么都没有看见。等到下了车，父亲突然发现钱包没了，就责备孩子不注意帮自己看好钱包，可是孩子却说："爸爸，我刚才跟你说有人偷钱包，你不是不让我说话么？那个人偷的就是你的钱包啊！" 因为家长从小就教育孩子"见了坏人一定要躲"，致使现在街上的小偷更加猖狂。这真是对中国教育制度的绝妙讽刺。

此书就像一面镜子，直接照到了国人的内心深处，照到了那片最丑陋、最黑暗的地方。要想真正铲除中国人的丑陋，我们只有以《丑陋的中国人》为鉴，时刻审视自己身上是否还有那些丑陋的毛病。有则改之，无则加勉。

此书出版迄今已过了 20 多年。眼下物是人非，书中的很多言论已经不适合当今社会现状了，但仍有很多东西没有改变。更何况，在这 20 年中，又有许多新的陋习出现了。所以，对于 21 世纪的中国人，《丑陋的中国人》一书仍然具有深刻的教育意义。

（作者部门：实训中心）

读《乡情》有感

陈振江

"江山代有人才出,各领风骚数百年。"我的发小朋友孙耀华先生是时下湖北随州小有名气的作家,先后出版了十几本专著,发表了大量的诗歌散文。去年,他赠给我几本书,我对其中的《乡情》一书很感兴趣,读来爱不释手。书中所描述的故事大都是我亲眼所见或亲身经历的,勾起我对往事的回忆。都说随州有三宝:"飞来土,自来钟,翠凤桥下铁蜈蚣",古老的传说,美好的故事,更激起我的思绪飞扬和对家乡的眷念。

亲不亲,故乡人;美不美,家乡水。《乡情》是本散文集,书中收录了耀华先生的64篇散文,每一篇散文,都是作者对人生的感悟,都充满了作者对家乡的热爱,对家乡日新月异的赞美。身为随州人,我离开随州几十年了,这期间虽然回家的机会不多,但随州的变化,我看得最清楚。以诗歌为证:

(一)

离别随州多少年,故乡常常梦萦绕。
城区处处高楼起,街道宽阔变模样。

东郊日出景致美，西郊双桥溠水长。
南郊高速连城里，北郊旧厂换新貌。
　　　　（二）
离别家乡几十年，今回故里乐陶陶。
亲人相见唠长短，情到深处泪花淌。
儿时住地看一看，童趣稚事细回想。
最爱随州山水美，湛蓝天空白云飘。

我和作者自幼住在同一个小院中，忆起儿时的童趣、老师的教诲、母亲的慈爱都仿佛历历在目。我们都爱自己的家乡，更爱自己的母亲。在孩子的眼中母亲是最善良、最漂亮的人，都对母亲有着一种特别的眷恋！我也不例外，但我最感痛心的是母亲在离开这个世界的时刻，作为长子的我没能守候在母亲的身边，这成为我终生的遗憾。

不能忘啊！为了爱，母亲风里来雨里去；为了爱，母亲不惜倾其所有以满足儿女的任何要求。尽管如此，母亲的脸上也永远挂着欣慰的笑意，总是那么安祥、那么沉静，她的目光里总是透出无边的幸福与憧憬。风吹乱了她的头发，雨淋湿了她的衣衫，阳光灼痛了她的脸庞，沙尘磨损了她的皮肤，岁月消去了她的红颜，但她无怨无悔。

母亲一天天老去，而我们一天天长大。当母亲脸上的皱纹增多之际，也就是我们生命最为旺盛之时。我们感谢母亲，不仅给了我们走进这个世界的通行证，还给了我们生命的活力。母亲在给予的时候，从来没有想到回报；母亲在付出沉重代价的时候,从来都认为这是一种巨大的快乐。我们的回报也许遥遥无期,但母亲的快乐却与她的生命同在。因此,我们必须懂得:我们一个甜甜的微笑,一句简短的问候,都将给母亲带来无上的快乐,从而让母亲知道,儿女们这一辈子都行走在感恩的路上!但是,在这一点上我做的是很不够的。

感谢夕阳,给了她人生中美好的时光;

感谢夕阳,给了她人生中美好的回忆!

正是有了太阳的升降,才有了夜色的朦胧和白昼的明晰;正是有了人间的悲欢离合,才给大自然注入了丰富的情感内涵。如果没有夕阳的辉煌,便不会有朝阳的美丽;如果没有离别的伤感和心痛,便不会有迎接日出的激动和疯狂。

我和作者都经历过中国的3年困难时期,经历过文化大革命,经历过知识青年上山下乡运动,这其中的酸甜苦辣,我们体会最深。然而,生活是美好的!从我记事的儿童时代开始,就感受到了生活带来的种种快乐!无论是在校园课堂,农村的田边地头,参加工作后的单位,还是在路途中,我都深切地感受到亲人的关爱,老师的教诲,同学和同事们的帮助所带来的感动和快乐!

人生的道路走到如今,可谓酸甜苦辣都已尝过了。岁月如歌,往事如云烟。"大脑是机体,心灵是镜头,情感是快门。"记忆中除了快乐,亦有成长过程中的茫然和苦涩!任时光流逝,岁月变迁,昨日的往事我都难以忘怀!都能把往事从记忆的底片中冲洗出来!活灵活现地呈现在眼前。那份感念是用语言难以表达的。

我喜爱自己曾经生活过的农村,我最美好的青春岁月是在那里度过的。尽管现如今的农村发生了翻天覆地的喜人变化,但与城市相比还存在差别。然而,我怀念农村四季飘香的田野,沁人心扉的新鲜空气,静谧的自然环境,善良纯朴的民风乡情。虽然现如今的农村景象不像我想象的那样美,甚至有一些凌乱和荒凉,可我心里却充满了诗情画意。看到的天空是那么的蓝,细细的小树是那样婀娜,枯黄的小草也是如此的惹人怜爱,就连空气都是甜丝丝的。还有农家绿油油的菜地,在寒冷的冬天也显得那样生机盎然!

温馨是多么美妙的字眼!人一生的时光该会由多少个温馨串织?那些温馨虽然一纵即逝却潮润我眼眸的份份感念,那些纵然久远亦不能淡忘的阕阕往事,都会在心中渐渐累积,渐渐沉淀成一份最凝重、最美丽、最隽永的温馨!任岁月侵蚀,心境变迁,也永不漠视,永远珍惜!人生都只一次,就得在这一次中活出多种滋味来,这中间青春的滋味最让人活得不够了!压力是现代人的紧箍咒,忙碌是现代人的快节奏,而轻松惬意则成了现代人的奢侈品。世事艰难,在为工作、为事业、为家庭东奔西走的过程中,留出一点时间,给自己制造一点快乐,同时,将这样的快乐带给众人,不也是一道靓丽的风景吗?

我们的生活经历使我们知道,生命是什么?生命是一场

"甜美的苦役"！人生一世，总有些沟沟坎坎，总得经历一番磨炼，这样的人生才显得丰富多彩，我们也才能变得沉着和坚定，不断走向人生的新境界！

《乡情》是一部记录生活不可多得的散文集，让我们的生活充满乡情，充满爱。正是有了这种乡情和爱，我们的生活才充满阳光，我们在阳光的照耀下，向着美好的目标奔跑！

（作者部门：药学院）

静心砥砺品德　深思责任良知

——《沉思录》读后感

汪海洋

《沉思录》一书的作者是古罗马帝国皇帝马克·奥勒留,著名的"帝王哲学家"。这位帝王之所以被人们铭记于心,不在于他的赫赫战功,也不在于他的励精图治,而在于他在鞍马劳顿中用希腊文写成了著名的《沉思录》。该书不同于一般的哲学书籍,而是一位有着强烈道德感的统治者的"内心独白"。该书不仅成为西方历史上最打动人心的巨著,还被许多世界名人视为人间至宝,曾被译成拉丁文、英文、法文、意大利文、西班牙文、俄文等。记得买这本书时,宣传页介绍中温家宝总理说:"《沉思录》这本书天天放在我的床头,我可能读了有100遍,天天都在读。"美国一位教授,《一生的读书计划》的作者费迪曼认为《沉思录》有一种不可思议的魅力,甜美、忧郁和高贵。我初读此书时,总想用严密的逻辑去把握作者的思想体系,却事与愿违,正如该书中文版序言所述:"《沉思录》是作者写给自己的,是自己与自己对话,自然也就不需要过分讲究辞藻、注意交代和结构安排。""要深入作者内心,注意一种思想的深入和进行""要让我们的心灵静下来,从作者朴实无华的句子中读出许多东西来。"鉴于此,我在看此书时不再拘泥于著作的卷目顺序,而是细细评味作者的某一观点、信念、思想,比照自己的人生和处事看法,从中汲取营养获得启发,得到收获。

读《沉思录》,感受到作者自省传承的学习观。个人的学习成长不仅在于对知识内容的选择,更在于对学习方法的把握。学习知识的选择受个人兴趣爱好、志趣理想、已有的知识结构等内在因素影响,同时也受外在因素影响比较大,比如职业、身份、社会要求等等,有时往往外在因素会影响到内在的选择。对学习方法的把握却反映个人内在的品格,它甚至是个人的学习观、成长观和思想境界的集中体现。马克·奥勒留著《沉思录》的过程,就是他自我学习的过程,是内省,反映了作者自我完善的学习观。《沉思录》告诉我们"宁静不过是心灵的井然有序","如果你因什么外在的事物感到痛苦,打扰你的不是这一事物,而是你自己对它的判断。""一个人退到任何一个地方都不如退入自己的心灵更为宁静和更少苦恼。"他这样对自己说道:"你错待了自己,你错待了自己,我的灵魂,而你将不再有机会来荣耀自身。每个人的生命都是足够的,但你的生命却已近尾声,你的灵魂却还不去关照自身,而是把你的幸福寄予别的灵魂。"我们要不断地审视自己的思想,洗涤自己的灵魂,守住心灵的宁静,不断地提升自己的思想境界和道德品质。

《沉思录》让我们感受到的另一学习观就是传承。传承是个人对国家、民族意志和思想的继承，是对民族传统文化、物质文明的继承。马可•奥勒留在卷一中就如此写道："从我的母亲，我濡染了虔诚、仁爱和不仅戒除恶行，甚而戒除恶念的品质，以及远离奢侈的简朴生活方式。"浮华的世界使人迷惑，让人失向，面对越来越多的选择，如何洁身自好，远离追逐名利的奴性思想？《沉思录》就犹如精神世界里的一面镜子，洗涤你的灵魂。它更是一本心灵的哲学，赋予你高贵宽容的气质，让你在不断的自我学习完善中获得光明和希望。

读《沉思录》，感受到作者淡泊名利的道德观。奥勒留自幼受到良好的教育，学习过希腊文学、修辞、哲学、法律与绘画等。在他执政的近20年间，古罗马帝国水灾、地震、瘟疫、饥荒、蛮族入侵、军事反叛等天灾人祸不断，尽管他以其坚定的意志和超人的智慧，夙兴夜寐地工作，也不能挽回古罗马帝国的颓势。公共职责的沉重负担和个人际遇的沉痛经历使他陷入了极大的悲观中，而使他能忍受下来的是哲学，他试图以"哲学的沉思"来避开人世的纷扰，追求内心的安宁。从马可•奥勒留的身上我们可以看出，一个有修养的人，不是单单以地位、金钱、容貌来衡量的人，而是一个时刻自省自律的人，一个敢于挑战勇于挑战自己的人。在这个快速进步、充满竞争的社会里，人心难免变得浮躁。要想守住自己的本性就必须不断与自身进行对话，在反思自己的同时不断加强学习，在学习中不断剖析自己，提高修养，不断地对自己进行告诫，发现自身的不足之处。

读《沉思录》，感受到作者宁静致远的事业观。我们要时刻牢记自己的工作责任，时刻想到对人民负责、对事业负责，做一位在身心上宁静致远、有理想有抱负的人。要有责任感和良知，要淡泊名利，正如《沉思录》所说："有多少人在享受赫赫威名之后被人遗忘了，又有多少人在称颂别人的威名之后亦与世长辞。""最长久的名声也是短暂的。"树立正确的名利观，牢记社会责任，立足本职岗位，饱满的工作热情，务实的工作作风，是我们普通党员干部的事业观；努力培养承担责任的勇气，把对上承担与对下负责结合起来，主动承担责任，主动挑起责任，只有这样才能使我们为成就事业树立威信，凝聚力量。

读《沉思录》，感受到作者民本情怀的群众观。作为党员干部，我们应加强宗旨意识和服务观念，时刻牢固树立马克思主义的群众观点，始终坚持党的群众路线，了解人民群众的愿望，倾听人民群众的意见，把他们的愿望和要求作为想问题、做决策、办事情的基本依据，永远保持共产党人的亲民情怀。群众路线，是我们党取得社会主义革命胜利，取得社会主义建设伟大成就的法宝。作为古罗马帝国的统治者马可·奥勒留，在《沉思录》中不断表达出他的民本情怀、仁爱宽容、恬淡达观的思想和人格。奥勒留说："我接受了一种以同样的法对待所有人，实施权利平等和言论自由平等的政体的思想，和一种最大范围地尊重被治者的所有自由的王者之治的观念。""我们每天都要准备碰到各种各样不好的人，但由于他们是我的同类，我仍然要善待他们。不要以恶报恶，而是要忍耐和宽容，人天生就要忍受一切，这就是人的义务。"这既是一代帝王对政治伦理的深刻解读，又是其体民、爱民思想的具体体现。在《沉思录》的字里行间，我们很难找到其对"帝王身份"的所谓认同感，因为作为哲学家，他在这部旷世奇书里，始终是以"人"的身份来思考人生，以至于其帝王身份倒像是一个"业余的兼职"，这对一个身居皇位的人来说是极为难得的。虽然他的帝王统治"事业"屡受挫折，他也改变不了古罗马帝国衰败的历史命运，但他作为一代帝王的民本思想留给我们一笔宝贵的财富。

（作者部门：校长办公室）

一书在手 解馋解惑

——《舌尖上的中国》读后感

严双美

有没有一本书既能解惑,又能解馋?有没有一本书既能刺激你的神经,又能刺激你的食欲?

阅读《舌尖上的中国》,缘于央视的一档同名节目,赶着热闹看完节目后,仍在回味,意犹未尽,回头捧起这本根据电视节目编辑出版的书籍,这才真正体会到了什么叫作"大快朵颐"。

本书读下来,感触最深的并不是某个地区的某道菜品,而是中国人民勤劳朴实的性格和坚韧乐观的智慧。本书超越了当今流行的各种美食鉴赏和烹调的"实用"层次,而是通过饮食这种人人都有感触的题材,来记录中国普通老百姓的生活方式,劳作方式和处世态度。它并不是一本介绍美食的书,也不是某种食品的"软广告",而是一种朴实的精神,能唤起我们留在心灵深处的回忆。

每个中国人都有关于自己家乡食物的美好回忆。作为湖北人的我,对书中记录的家乡美食莲藕情有独钟,书中对这道美食有着令人垂涎的描写和真实的记录。这道美食温暖了多少楚人的回忆,唤起了我们对美食和美好生活的希望。

书中每篇都有令人垂涎的美味,这些食材都需要通过人们的辛勤劳作来获得,更多的是要求我们对自然心存敬畏和热爱。中国美食文化的传承与现代快节奏生活的协调,传统美食中蕴涵的亲情与爱心宣扬。中国的美食,即使是普普通通的食材,都能在家人的精心烹调中让人怀念。当我们走出家乡,最难忘怀的不是那些所谓的名贵菜品、珍稀佳肴,而是家乡的味道,那是扎根在我们骨子里的温暖。热气腾腾的饭桌和家人的欢声笑语,是我们内心最柔软的记忆,这种记忆就是儿时在舌尖上留下的烙印,而这个烙印就是妈妈在厨房、在饭桌上给我们留下的,也是中国这片土地给我们留下的……

中国的劳动人民是社会的基石,13亿人口要靠自然、靠土产来养活。无论现今工业科技如何进步,中国社会离不开土地,离不开农民,离不开这些朴素的精神和愿望。然而当生活把我们与土地隔离,而我们自己也把这种隔离视作了生活的必然,甚至可悲地把这种生活当作了成功。每当回乡看到大片土地的抛荒,不由得引起一种警醒:我们的一日三餐来自哪里?我们和我们的下一代,还能享受到泥土的芬芳吗?

不论是水氲青山燕子斜飞的江南,还是寒意阵阵风吹草低的北国,靠山吃山,靠水吃水,中国人民拥有获取食物的非凡智慧。他们用一生的智慧,传承下一种精致的、又有原始味道的美食，一遍一遍地告诉我们：最好的食物是用心、用双手做出来的，而不是机器。

美食见证过历史的延续，每一处的美食总有让人夺目的风华。脚下的土地承载了千秋岁月，变化多端的风情和令人盈眶的美丽。作为普通老百姓，我们没有能力和机会走遍祖国的山山水水，也无缘品尝到全国各地的美食，这本书让我们了解到千里之外的美食风情，是件功德无量的好事。它帮助我们的眼睛去到了脚步不能到达的地方，这是令人幸福的事，更让人幸福的是我们就生长和生活在这样的土地上！

因为作者和编者"带着对食物的敬意和感情"，才有了这本书，那我们也"带着对食物的敬意和感情"来读这本书吧！让它来感动自己，这就是真诚的力量。感动之余，我还深深体会到：

从田头到舌头

不长，只需要一季

从舌头到心头

不短，会需要一生

（作者部门：校工会）

《遇见未知的自己》读后感

张晓香

最近在看《遇见未知的自己》，感触颇深。张德芬的这本"华语世界的第一本身心灵小说"描写了熟女李若菱的人生际遇，它将心灵的思考、人生的哲学都融入到一个小说故事中，引领我们渐入佳境，对自己的身心进行深刻的探索。全书的主题：爱、喜悦、和平！

这本书告诉我们什么是小我，什么是真我。所谓小我，就是受外界的一切影响的自己。什么是外界的一切呢？就是金钱、名利、权势、地位等，还包括别人对自己的看法，自己的虚荣心等。小我会被人的潜意识所控制，也就是说有些事情你会不由自主地去想去做，但是之后你并不会感到快乐。即使快乐，也是来自外界的，一旦外界快乐的源头不在了，你就会觉得很无趣。而身体里的那个真我呢？真正的你是不会随时间甚至死亡而改变的，它可以观察人世百态，欣赏日落日出、云起云灭，岁月的流转、环境的变迁，都不会改变它。直到有一天我们离开了，这个真我也不会消失！

《遇见未知的自己》，读后最大的感触就是：真正的快乐必须在内在找，因为它是快乐原本在的地方：爱、喜悦、和平。如果在外在的地方找，就算我们得到了想要的一切：车、房、地位、金钱、名誉……没有内在对自我的认可和肯定，这样的快乐持续的时间不超过一周，或者更短。但是如果我们先拥有了内在的喜悦和和平还有无尽的爱，就可以用更好的状态来面对生活中的很多事情，从而获得物质的、需要的东西。因此，要想快乐请先从您的心灵成长开始：参加课程、读书、内省、跳舞……都是很好的办法。总之，就是要和自己在一起，和自己的内在在一起。

《遇见未知的自己》让我开始思考"我是谁？""我追求的到底是什么？"我们时常觉得疲惫，是因为我们不自觉地变换着不同的面具，失落了真实的自己；我们时常痛苦，是因为我们不清楚自己到底是谁，而盲目地去攀附、追求那些不能代表我们的东西！

对情绪的臣服是我感触最深的一段。我们大部分人对待情绪的态度是立刻消除、否定或者打压。而无论哪种策略，情绪都没被认可、被接受，所以这些情绪就从未离开过，它们在哪里呢？它们就储藏在我们的身体里。时间久了，我们就会记住这些情绪，我们对这些情绪由陌生到熟悉，成为好朋友一样，慢慢的我们对它们形成依赖，我们离不开它们。于是，当我们好久没有某种情绪的时候，我们会制造一些事情来让我们感受到这种情绪，无论这些情绪是快乐还是痛苦。我们认可这些情绪就是我们自己。这也就是为什么"幸运的人总幸运，倒霉的人总倒霉；快乐的人总快乐，悲伤的人总悲伤"，这都是我们每个人的自我感召，就是通常所说的

"命运"。当我们不知道事实真相的的时候，我们会把责任推给别人，我们会认为是他人、是社会造成的我现在的状态，而真正的原因是我们自己。书中也讲道："亲爱的，外面没有别人，所有的外在事物都是你内在投射的结果。"我们会遇到什么样的人、什么样的事，完全取决于我们自己，是我们自己创造了我们的生活方式、生活环境以及生活状态。

　　《遇见未知的自己》揭示了一个不变的真理，那就是要学会"臣服"。"爱过、痛过、哭过之后——是臣服的体验"，发生了就是发生了，就像时光无法倒流一样，所以要学会臣服。但是这里的臣服，不是臣服于人，而是臣服于事；不是让我们做软弱的人，而是要学会接受！因为你越是抗拒就越会持续，当你真正放开的时候，你就会觉得一切都会是另一种结局。我们的思想总是在过去或者未来，但是我们的身体却永远是在当下，所以我们要活在当下，学会倾听自己内心深处的声音，和身体联结，那将会是一种难以想象的力量。作为青年教师，面临工作、家庭、孩子等多重压力，充满了新鲜和成就，但是难免会有困惑和失败，这个时候我们更应该看到眼前的自己，倾听自己内心深处的声音，让自己淡定地从失败的事情中找到属于自己的教训，而不是纠结于相关的其他人。

　　《遇见未知的自己》告诉我：所有发生在我们身上的事件都是一个仔细包装的礼物。只要我们愿意面对它有时候有点丑陋的包装，带着耐心和勇气一点点地拆开包装的话，我们会惊喜地看到里面珍藏的礼物。因此我想感谢曾经伤害过我的人和事，他们何尝不是给了我这样一个礼物，也给了我坚强和成长的契机呢？浴火重生的凤凰才能更有生命力，才能飞得更加高远！

总之，感谢学校组织的读书日活动，让我如获至宝。《遇见未知的自己》这本书值得反复回味、咀嚼和吸收。以前总是认为自己遇到挫折时的心态很好，其实不然，我的心态没有自己想的那么好，我会为外界的事或喜或悲，而且有些事情我没有真正的看开，也没有学会放下，对思想方面，更是不会考虑，对于已发生的事情不会学着接受。今后，我会试着看开看淡一切，学着清心、静心、修心，遇见未知的自己——做个小小的真我，活出最精彩的自己！

（作者部门：管理学院）

生命的拷问

——读《沉思录》

杨 芳

一次偶然的机会,姐姐向我推荐了一本好书——《沉思录》,是温家宝总理的案头书。我读后感想颇多,受益匪浅。《沉思录》是古罗马唯一一位哲学家皇帝马可·奥勒留所著,这本自己与自己的12卷对话,内容大部分是他在鞍马劳顿中所写,是斯多葛派哲学的一个里程碑。《沉思录》来自于作者对身羁宫廷的自身和自己所处混乱世界的感受,追求一种摆脱了激情和欲望、冷静而达观的生活。马可·奥勒留在书中阐述了灵魂与死亡的关系,解析了个人的德行、个人的解脱以及个人对社会的责任,要求常常自省以达到内心的平静,要摈弃一切无用和琐碎的思想,正直地思考,不仅要思考善、思考光明磊落的事情,还要付诸行动。马可·奥勒留把他生活中发生的一切事情都不看成是恶,认为痛苦和不安仅仅是来自内心的意见,是可以由心灵加以消除的。他对人生进行了深刻的哲学思考,热诚地从其他人身上学习他们最优秀的品质:果敢、谦逊、仁爱……他希望人们热爱劳作、了解生命的本质和生活的艺术、尊重公共利益并为之努力。《沉思录》让世人有机会去深入思考自己与他人的人生，让人们更加明智，更加接近客观真理，确是一部能够启发社会的传世之作。

感悟一：淡泊而活，"放得下"名利。马可·奥勒留写道："那对身后的名声有一强烈欲望的人没有想到那些回忆他的人自己很快也都要死去，然后他们的子孙也要死去，直到全部的记忆都通过那些愚蠢地崇拜和死去的人们而终归湮灭无闻。""有多少人在享受赫赫威名之后被人遗忘了，又有多少人在称颂别人的威名之后亦与世长辞。"事实上，他不仅想到、写到且做到了。他在位期间，国家不断遭遇到台风、地震、瘟疫等灾害，还发生了外敌入侵和内部叛乱，但他表现出无比的冷静和镇定，他以静制动，坚如磐石，克服了种种磨难，他统治的岁月被称为"幸福时代"，他本人也被列为"古罗马五贤王"之一。"莫谈名与利，名利是身仇。"权力以及由它带来的名声无论有多大，都是过眼烟云。"放下就是最好的承担"。现在这个世界是一个充满诱惑的世界，我们应该正确把握好名利，淡泊宁静，不让名利压抑自己而过分苛求和盲目追逐，甚至滥用权力，否则，名利就会成为自己成长和事业的"绊脚石"。

感悟二：积极而活，"抓得住"现在。马可·奥勒留说："虽然你打算活三千年，活数万年，但还是要记住：任何人失去的不是别的生活，而只是他现在所过的生活。唯一能从一个人那里夺走的只是现在。如果这是真的，即一个人只拥有现在，那么一个人就不可能丧失一件他并不拥有的东西。在人的生活中，时间是瞬息即逝的一个点。"马可·奥勒留认为，我们唯一可控的只有"现在"，人要活在当下，不在于长短，而在于质量。"世间最珍贵的不是'得不到'和'已失去'，而是现在能把握的幸福。"人们一生中将面临无数个"现在"，我们所过的生活亦是由无数个"现在"所拼接而成，"现在"对于每个人来说，它既是礼物，也是恩赐，是我们唯一所能把握的。我们曾纠结于过去的种种伤疤，桎梏于历史的层层包袱；我们亦曾迷茫于未来的种种未知，迷茫于将来的袅袅迷雾；我们郁结，我们痛苦，我们烦躁，我们恨不能穿越时空。但，又如何？莫奈何！当"现在"流逝成"过往"，我们不应还陷在不能改变的"过往"泥潭中自怜；当"将来"还未演变成"现在"，我们亦不可烦躁于不可知的种种变相之中。我们唯一可控的只有"现在"，唯一能做的也只是不要在懊悔中放任可控的"现在"流转成不可控的"过往"，在彷徨中措手不及地迎接"将来"化为"现在"。过往的失意，无碍于今天我们以良好的心态遥望旭日的升起，面对崭新的一天，喜迎身边的人与事。同样，曾经的辉煌亦不是你今天可以长久炫耀的资本，因为它已经被定格在逝去的"现在"中，且不同时存在于你当下拥有的"现在"里。

感悟三：从容而活，"守得住"真我。"不管任何人做什么或说什么，我必须还是善的，正像黄金、绿宝石或紫袍总是这样说：无论一个人做什么或说什么，我一定还是绿宝石，保持着我的色彩。"在马可·奥勒留看来，人为己活，要正确认识和把握好自我，找准定位，自信自立，从容淡定，保持真我风采。人生要有随遇而安、稳如泰山的心理素质和精神状态，无论顺境、逆境，都要保持自信、淡定的自我，达观进取。马可•奥勒留还告诉我们："如果外部事物让你烦恼不安，那么请你注意，使你心情烦恼的并非事物，而是你对事物的看法，只要你愿意，你是很可以把它打发掉的。"说到底，一切都是意见，一切事物都在于你怎样看待它。你以什么样的心态对待生活，你就会获得一种什么样的生活。

在这本《沉思录》里，作者用无华的文字平铺直叙了对宇宙、个体、心灵、本性、思想、行为等事物的深刻体悟，没有刻意晦涩的思辨，没有冗长乏味的说教，只是严峻而不失平和的叮嘱和告诫。简单归纳《沉思录》，说了这些道理：宇宙是流变的，时间是即逝的，名利是短暂的，人惟一的选择，就是把握现在所过的生活；一个人退隐到何处也不如退到自己的心灵更为宁静和更少苦恼，宁静是心灵的井然有序；灵魂要关照自身，要抑制一切无目的和无价值的想法以及大量好奇和恶意的情感，使智慧仅仅用于正直的行动，每时每刻地塑造你自己，达到与满足、朴素和谦虚结为一体的自由；要遵从自己和人类共同的本性生活，让行为和活动限定于有益社会的行为，追求正义、节制、仁爱、镇定等品德的完善；人们是彼此为了对方而存在，应为普遍利益行善。现在我还不能完全体会《沉思录》的真谛，但是我会学习温家宝总理，天天读这本书，慢慢体会其中更加深刻的含义。

（作者部门：检验学院）

《享受工作，享受生活》读后感

郑桃云

最近，我在读书活动中有幸接触到卡内基的《享受工作，享受生活》这本书。在认真阅读这本书后，有一种顿悟，在精神上，有一种激励。这是一本不错的励志书，从工作的有效管理，与同事间的分工合作，到遇到困难时的情绪调整，该书给人一种开朗明亮的心境。书内的一系列故事，总是让我难以忘怀。

作者说："努力喜欢自己所从事的任何事情。"这句话的意思我体会有三层：一是要喜欢自己所从事的工作；二是要努力喜欢自己所从事的工作；三是要从工作中得到享受。既然已是一名员工，就应别无选择地喜欢上自己所从事的工作。

一位作家说过："你改变不了环境，但你可以改变自己；你改变不了事实，但你可以改变态度；你改变不了过去，但你可以改变现在；你不能控制他人，但你可以关心自己；你不能预知明天，但你可以把握今天；你不可能样样顺利，但你可以事事尽心；你不能延伸生命的长度，但你可以改变生命的宽度。"我想这应该是我们对待工作、对待生活的一种态度。

工作总会有分工，有人当指挥员，有人当战士；有人喂猪，有人卖肉，每个人各司其职。不管是大事还是小事，我们总得完成自己份内的工作。

每个人都希望有一份好工作。工作是我们谋生的途径，是我们人生道路上的一个重要过程，但大多数人往往在离开工作岗位之后，才有如此刻骨铭心的体会。那么，我们何不在有限的工作时间中尽情地享受工作、快乐工作呢？有时候因为种种原因，我们都会感到工作中有烦恼、有压力、不快乐，甚至想逃避。

有什么样的态度就有什么样的价值观和人生观。乐观的人眼中的世界是多姿多彩的，每一天都会过得开心，他们乐于奉献，乐于承担责任和迎接挑战。悲观的人眼中的世界是灰色的，没有鲜花，没有笑声，对前途充满着忧伤，甚至没有生活的勇气。当我们把工作看成一种享受时，将不再害怕面对工作的压力，而是凭着高度的责任感和敬业精神，讲真话、办实事、求实效。

如果我们能够寻求并享受工作中的乐趣，将不再害怕面对批评，批评会让我们及时了解自己工作中的不足，发现工作中存在的差距，明白所从事的工作将不断面临新的问题、新的矛盾、新的内容，进而激发我们更主动地去学习和进取。

奋斗也许是人一生中所注定的，要为自己的人生之路平洼填坑。然而人的能力千差万别，有人抱怨自己的工作，说："这么平凡的岗位，我一辈子也干不出名堂，我真是个没用的人。"

其实，许多事情是我们无法改变的，那我们又何必为此而悲观失望、痛苦不堪呢？我们能够改变自己的心，改变自己的情绪，尽最大的努力，做最好的自己，这不也是一种魅力吗？而那些我们认为无法改变的状况有所改进不也正是从改变自己开始的吗？凡对自己缺乏信心，无法自我控制或者长期不能走出生活阴影与失败的人，都需要进行根本的自我改造。人必须学会在变化中生活，所有事物都是变化的，只有变化才有事物的前进和发展。

把自己的岗位看作自己的整个人生，不管它多平凡，总有它的意义所在。每个人，都有属于他自己的位置，正是在自己的位置上做最优秀的自己，这世界才如此美好；正是许许多多的人，如小草、小路一般平凡的人做着最优秀的自己，我们才会有更美好的世界。

带着享受的心态去对待工作，工作将会变得异常轻松。工作是件苦差事，然而上班时打扮得让人眼前一亮，有时却能获得苦尽甘来的效果。心理学家指出，工作时穿戴整洁、别致可以帮你提升自信，创造更多积极情绪，别人也会觉得你很专业、有新意、懂得享受生活，愿意和你做朋友。除了努力工作，业余生活也因人际关系改善变得更丰富多彩。工作为我们提供了一个人际交往的环境，使我们拥有了许多志同道合的朋友；工作为我们提供了一个的平台，使我们拥有了施展抱负和实现理想的机会。工作能为我们带来宝贵的成就感和满足感。

我们不仅要做自己喜欢的事，还要学会去喜欢自己做的事。让我们做大海里的一滴水,在自己平凡的工作岗位上默默地守候、尽职地工作,去尽情地享受工作的快乐,品味人生的美好。这就是戴尔·卡内基的书中让我们分享的,提示我们如何工作、如何生活的内涵所在。

读了这本书,细细想来,真是受益匪浅。以前自己在工作中对人对事存在一些问题,以此为鉴,以后在工作中要改变心态,改变工作态度。如果感觉有些事情目前做不到,但只要坚持和努力,过一段时间之后,你会发现你做到了,这就是令人感到奇妙的地方。

运用作者所说的方法尝试一下,在生活中用心体会一下,渐渐变成自己的习惯,融入到自己的个性中。我相信,带着这种心态,一定可以更好地享受工作,享受生活的过程了。

(作者部门:护理学院)

《中国震撼——一个"文明型国家"的崛起》读后感

陶 甜

张维为的这本书是我 2012 年 8 月在参加"哲学社会科学科研教师骨干培训班"时的"战利品"。醒目的红色封皮，白色的大标题，组合在一起着实有一种视觉冲击，具有民族特色，很吸引人。读完这本书，心情很激动，对中国的未来充满了信心，可谓是热血沸腾，有一股力量促使我想要尽情投身于国家建设中，为祖国的发展贡献自己的一份力量。

作者以自己的亲眼所见、亲耳所闻，证明了中国的崛起是一个文明型国家的崛起。这个国家以和为贵、求同存异，承担着世界公民的责任和义务，给世界带来的是和平而绝不是威胁。中国正处于发展的战略机遇期，一切问题要为发展让道。发展才是硬道理，在胡锦涛主席提出了科学发展观之后，发展有了更加明确的目标和方向，使得中国专心致志地发展，不被某些国家所鼓吹的人权问题所阻碍。

许多生活中谈论的现实问题，从书中得到了解答。我不再盲目抱怨房价太高、贫富差距太大等现象，开始沉下浮躁的心，深入地了解中国的现状和国情，了解其出现的原因，思考其以后的出路。书中针对城乡差距、腐败问题、环境污染、贫富差距、中国房价等中国民生问题提出观点和作出解答，以另一种审视的角度看待这些问题，即在与其他国家的比较中，发掘中国模式的优势。中国经济的腾飞必然会伴随着一系列的问题，在追求经济增长和物质水平提高的过程中，上层建筑的建设必然会有滞后性，只有等发展的势头减缓，制度完善之后才能做到实事求是，切合实际，与时俱进。试想将中国这样的崛起放在其他任何一个国家，产生的问题一定会严重百倍。所以说，中国现在的民生等问题应该被广大民众所理解和接受。

中国的崛起是一个和平国家的崛起，是一个"文明型国家"的崛起。资本主义国家的崛起靠的是商品倾销和掠夺资源，是血淋淋的历史，是不光彩的历史。而中国人民依靠自己的智慧，辛勤劳动，走出了一条适合自己国情的具有中国特色的发展道路，开辟了中国走向现代化的广阔前景。所以，中国人民应该感到自豪，我们的发展是建立在踏踏实实的劳动之上，是建立在自己的智慧之上，是建立在源远流长的传统文化之上。

谈到中国的崛起，作者分析了原因。主要在于"两大板块"——发达板块和新兴板块的高度互补和良性互动。发达板块是指沿海发达地区，也包括一些发达的城市；新型板块是指蓬勃发展的后发国家和地区，充满活力，有自己的自然资源和人力资源优势，也形成了自己的经济增长极。两大板块的珠联璧合使得中国经济的迅速发展有了基础性的保障。比如发达国家缺乏自然资源和人力资源，落后国家缺乏高科技和人才，而中国不需要依靠外国，可以实现独立自主、自给自足。这大大增强了中国人民的信心和底气，我们是不可摆布的，且我们更具有活力。

中国这个文明型国家有"四超"和"四特"。四超是指超大型人口规模、超广阔的疆域国土、超悠久的历史传统、超深厚的文化积淀；四特是指独特的语言、独特的政治、独特的社会、独特的经济。这些特点是中国发展的现实国情，需要依据这些特点，制定适合中国的特色社会主义发展路线，因地制宜，切实发挥这些特点的积极作用。中国人多，要将人力资源大国转化为人力资源强国，主要靠教育。所以，国家重视教育就是关注国家的前途和命运。作为一名教师，我感到非常自豪，能够在教育事业中奉献自己的一份力量，使得自己在实现个人价值的过程中，与国家的利益高度一致，我充满热情、充满力量、充满了使命感。

中国的文明崛起，给世界带来不小的冲击，短时间内，其他国家对我国的快速发展仍会有些疑问，但中国人民清楚地知道，自己最迫切的任务是什么，最重要的问题是什么，不会因为某些言论而影响前进的步伐、转移发展的注意力。作为一个中国人，我们需要将自己的个人目标与国家的发展紧密联系在一起，将自己的力量投入到国家建设当中去。只要人人都做到这些，我相信在不久的将来，中国会给世界带来更大的震撼，让我们翘首以待吧！

（作者部门：学生工作处）

人生是一堂创意课

——读《十四堂人生创意课》有感

程 潇

因为备课的需要,我意外的读到了这本《十四堂人生创意课》,如获至宝,相见恨晚,边读边想,假如10年前我读到这本书,也许我的人生会更加丰富,目标会更加明确,大学会更加充实。不过,现在读到也很好,看看其他女性的人生感悟,对于我现在的工作生活也有参考意义。

《十四堂人生创意课》由李欣频在教授广告创意课时的笔记整理而成。在授课时,李欣频认为不需事先准备具体的教程,因为世事变化太快,每周都会有新的生动教材在发生,还来不及写进教科书里。于是她在每周的广告文案课里,以当周世界上发生的重大事件为每次上课的开头,依自己的体会和心得,进行她的生命教学。我很欣赏这样的教学方式,在课堂上,我也经常和学生探讨最近发生的热点时事,大家畅所欲言,就这样开始我们的课程。

这本书以电影、旅行、观察、阅读、情报、演练、想象、梦、自信、生命与危机意识,架构出一部横跨书写、影像、广告、设计，丰盛且庞大的个人创意系统。她源源不断的创意来自精彩的生命。李欣频是老师、广告策划人、文案撰写家、高产作家、旅行家，到过包括北欧、东西欧、希腊、东北非、杜拜、印度……等37个国家。羡慕之余，我也思考如何通过观察体验生命点滴，不用周游世界，和家人、朋友在一起的生活就是一场精彩的人生旅行。

"如何找到自己喜欢的事情，就要不断地去尝试。旅行、逛街时，你喜欢看什么、买什么，那就是你的兴趣。"我们终其一生在寻找自己擅长的事，其实那也就是自己喜欢做的事，做擅长和喜欢的事，不仅仅是为了能够做得心应手的工作，能赚到钱，更重要的是我的生活会更开心，没有什么比开心地生活更重要。

"体力和健康永远是体验人生的唯一门票，所以随时保持极好的体能状态是必要的。"2004年刚刚上班时，每天有充沛的精力，什么课都去旁听，什么书都读。经常熬夜以及忽视锻炼使我经常感冒，有段时间总是处于亚健康状态，一位教中医的老师提醒我注意身体，我这才意识到身体也需要照顾了，于是恢复了锻炼，保持有规律的生活。现在年纪越来越大，渐渐感觉到健康对于快乐生活的重要性，有时觉得体力不支，心有余而力不足，所以要保持良好的生活习惯，慢慢探索有张有弛的生活，找到我们生活的节奏。

"好的书写能力，要靠平时大量的阅读，以及不中止的书写习惯。（例如写博客）18～28岁这10年是人生相当关键、宛如地基般的黄金10年，这10年如果你可以看得清楚、站得稳，往后你就可以走得很远。请务必把握这十年。"想到我已经过了这10年，真的很遗憾，职业生涯需要规划，年轻的时间也需要规划，想起我浪费的大学时光，空有一腔热血却不知道该干什么。对于我的下一个10年，我一定要认真规划，我准备写一个详细的描述单，比如职业、生活状态、经济状况、兴趣、休闲活动，一天及一星期的生活安排，然后画一张我想象中的生命蓝本。根据这蓝本去思考，我还欠缺什么样的能力，还应该补修哪些课程。希望我的下一个10年，除了陪伴家人朋友，自己更要丰富起来。我将经常和学生探讨如何规划大学生活，使他们能吸取经验教训，让更多的学生学有所得。

以下是总结我看书的成果，用以自勉：

1. 有计划的生活，包括去哪些地方，读哪些书，看哪些电影，学哪些技能。
2. 保持良好的生活习惯，经常锻炼。
3. 尽可能地关心帮助我的家人、朋友、学生，成人成己。
4. 有创意的生活，经常给我身边的人带来惊喜。

正如书中所说："我们毕竟当不成别人，只能完成自己。因此要相信自己能为这个世界，带来独特的生命惊喜。这才是为自己摆设的生命宴席啊！"

（作者部门：管理学院）

编 后

值中国共产党十八次代表大会召开之际，湖北中医药大学教职工"读好书、写实感"征文活动已落下帷幕，40余篇作品的选集付梓在即，向伟大的党献上我们诚挚的祝福。

在本书的编辑过程中，党委书记汪华同志在百忙之中拨冗作序；王华校长欣然题词并题写了书名；王琨、夏静、莫亮波等同志对稿件认真进行审阅，在此一并表示衷心感谢！限于篇幅，部分作者的稿件未被选用，也在此表示歉意！

由于时间仓促，编者水平有限，书中难免有疏漏或错误之处，敬请读者批评指正。

编 者

2012年11月6日